AF463408

O. LEGOUIX

DISSERTATION
SUR LES DIFFÉRENTES MÉTHODES D'ACCOMPAGNEMENT POUR LE CLAVECIN OU POUR L'ORGUE;

AVEC LE PLAN

D'UNE NOUVELLE MÉTHODE

ÉTABLIE SUR UNE MÉCHANIQUE DES DOIGTS,
que fournit la ſucceſſion fondamentale de l'Harmonie,

Et à l'aide de laquelle on peut devenir ſçavant Compoſiteur, & habile Accompagnateur, même ſans ſçavoir lire la Muſique.

PAR M. RAMEAU.

Le Prix eſt de trois livres.

A PARIS,

Chez le Sieur BAILLEUX, Marchand de Muſique ordinaire de la Chambre & Menus-Plaiſirs du Roi, rue S. Honoré, à la Régle d'Or.

A LYON, & A BORDEAUX,

Chez les MARCHANDS.

DISSERTATION
SUR LES DIFFÉRENTES MÉTHODES D'ACCOMPAGNEMENT POUR LE CLAVECIN OU POUR L'ORGUE,
AVEC LE PLAN D'UNE NOUVELLE MÉTHODE SUR LE MÊME SUJET.

A Quelque degré que le génie des Hommes ait porté la connoissance & l'usage de l'Harmonie, on n'en a point cependant encore assez nettement ni assez solidement développé les principes & les combinaisons : cette science a ses mystères, comme toutes les autres ; on s'égare aisément dans ses routes, & si quelques-uns y marchent avec succès, ce n'est presqu'encore qu'en aveugles, ou du moins sans les connoître suffisamment.

Parmi toutes les recherches & les études que j'ai faites pour parvenir à donner des Regles certaines & invariables dans la Musique spéculative & pratique, je n'ai rien trouvé de plus simple, de plus clair, ni de plus sensible que ce que nous offre l'arrangement méchanique des doigts dans l'accompagnement du Clavecin ou de l'Orgue. Il est surprenant que dans un Art aussi pratiqué que celui-ci, on n'ait pas, d'un côté, déterminément reconnu qu'il renferme tout le fond & tout l'enchaînement de l'Harmonie la plus exacte & la plus complette; & que, de l'autre, on ait négligé d'en écarter les difficultés.

Il s'agit donc d'examiner d'abord dans cette Dissertation, quelles sont les causes qui, dans l'Accompagnement, retardent l'avancement des Eleves, & embarrassent souvent les Maîtres mêmes, pour proposer ensuite au Public, dans le Plan d'une Méthode nouvelle sur ce sujet, les moyens d'en fixer la théorie & d'en faciliter l'exécution.

Or, je trouve que les inconvéniens qui rendent l'Accompagnement épineux, viennent de deux sources; sçavoir,

1°. La maniere de chiffrer les Basses.

2°. Les Regles & les Méthodes qui nous ont été données jusqu'ici.

Je dis en premier lieu, que les signes dont on se sert pour chiffrer les Basses, sont non-seulement en trop grand nombre, mais qu'ils sont encore pleins de confusion, d'équivoques & de contradictions : il faut le prouver.

Quoiqu'il n'y ait qu'un seul *Accord consonant*, on l'a cependant toujours distingué en trois; sçavoir, en *Accord parfait* ou *naturel*, en *Accord* de *Sixte*, & en *Accord* de *Sixte-Quarte*, sans parler d'un Accord de *Sixte doublée*, que quelques-uns en distinguent encore, quoiqu'il soit toujours le même: & pour indiquer à l'Accompagnateur lequel de ces Accords il doit pratiquer, on s'est toujours servi de cinq signes ou chiffres différens; sçavoir, d'un 8, d'un 5, d'un 3, d'un 6, & d'un $\frac{6}{4}$; outre qu'il est encore décidé que par-tout où il n'y a point de chiffres, l'*Accord parfait* est supposé.

Quoiqu'il n'y ait non plus qu'un seul *Accord dissonant*, on l'a cependant toujours distingué en plusieurs; de sorte qu'à mesure que l'expérience en a fait sentir les différentes combinaisons & les différens rapports relativement à différentes Notes d'une Basse arbitraire, on en a fait autant d'Accords différens; tellement qu'on le distingue aujourd'hui en vingt-deux; & l'on a plus de quarante signes différens pour les indiquer, selon les colonnes relatives ci-jointes.

Sans m'arrêter à critiquer ici la plûpart des dénominations impropres qui sont attribuées mal-à-propos aux différens Accords, & qui effectivement augmentent le nombre auquel l'usage a fixé ces Accords, il suffit de faire remarquer à présent les ambiguités & les autres défauts qui se rencontrent dans les signes qui les indiquent.

COLOMNE DES Accords Dissonans.		COLOMNE DES Signes ou Chiffres
cords de	Septiéme	7̸.
	Septiéme majeure	♯7, ou 7̸.
	Septiéme mineure	♭7.
	Septiéme Superfluë	♯7, ou 7̸, ou 7̸/5/4/2.
	Septiéme Superfluë avec la Sixte mineure	♯7/♭6, ou 7̸/♭6, ou 7/♭6/4/2.
	Septiéme diminuée	♭7, ou 7̸.
cords de	Sixte majeure avec la Tierce mineure et la Quarte, dite petite Sixte	♯6 ou 6̸, ou 6̸/4/3.
	Sixte majeure avec la Tierce majeure et le Triton	♯6, ou 6̸, ou 6̸/4̸/3.
	Sixte mineure avec la Tierce mineure et la Quarte	4, ou ♭6/3/4.
	Sixte majeure avec la fausse Quinte	♯6/♭5, ou 6̸/5̸.
	Sixte Superfluë	♯6, ou 6̸.
	Sixte et Quinte	6/5.
	Quinte Superfluë	♯5, ou 9/♯5, ou 9/7/♯5.
	Fausse Quinte	♭5, ou 5̸, ou 6/5̸.
cords de	Triton	♯4, ou 4̸.
	Triton avec la Tierce mineure	♯4/♭3, ou 4̸/3, ou ♯4/♭, ou 4̸/♭.
	Triton avec la Tierce majeure	♯4, ou 4̸/3.
	Quarte, ou Quarte et Quinte	4, ou 5/4.
	Quarte avec la Neuvieme	9/4, ou 9/7/4.
cords de	Seconde	2.
	Seconde majeure	♯2, ou 2̸.
	Seconde mineure	♭2.
	Seconde Superfluë	♯2, ou 2̸.
	Seconde avec la Quinte	5/2, ou 5/4/2.
cords de	Neuvieme	9, ou 9/7, ou 9/5.
	Neuvieme majeure	♯9, ou 9̸.
	Neuvieme mineure	♭9.
	Septiéme et Sixte	7/6.
	Septiéme et Seconde	7/2, ou 7/4/2.
	Sixte mineure avec la Tierce majeure	♭6/♯3, ou ♭6/♯.

Si la *Septiéme*, dite *Majeure*, se chiffre d'un 7 dièzé ou barré, la *Superflue* ne se chiffre pas autrement: or, qu'est-ce qui m'avertit dans ce signe que l'une des *Septiémes* doit être accompagnée de la *Tierce* & de la *Quinte*, de même que toute *Septiéme* naturelle dans le *Ton*; & que l'autre doit être accompagnée, au contraire, de la *Seconde*, de la *Quarte* & de la *Quinte?* Je dis *Seconde* & *Quarte*, pour suivre l'usage; car c'est pour-lors *Neuviéme* & *Onziéme*. Il est rare qu'on associe, en ce cas, le 2, le 4 & le 5, au 7, comme on le voit dans la colonne des chiffres: l'équivoque y est donc manifeste.

Par la même raison, si l'on veut changer une *Quinte* naturellement *fausse*, en une *Quinte juste*, celle, par exemple, de *Si* à *Fa* dans le *Ton majeur* d'*Ut*, par quel signe indique-t'on ce changement? N'est-cepas en associant un *Dièze* au 5? Mais comment distinguer pour-lors cette *Quinte juste* de la *Superflue*, qu'on ne chiffre pas autrement? Ainsi de la *Sixte majeure* & de la *Superflue*, de la *Seconde*, dite *majeure*, & de la *Superflue*; ainsi, en un mot, de tout autre intervalle susceptible de la même différence.

A ces équivoques se joignent les contradictions suivantes.

Si l'on barre généralement le 2, le 4 & le 6, pour y tenir lieu du *Dièze*, on barre au contraire le 5, pour y tenir lieu du *Bémol;* & si la plûpart barrent le 7, pour y tenir lieu du *Bémol*, d'autres au contraire le barrent pour y tenir lieu du *Dièze;* tant nos Compositeurs sont peu d'accord sur leur maniere de chiffrer.

Le 6, seul adopté pour indiquer l'*Accord consonant* de *Sixte*, est également employé seul en beaucoup d'endroits pour indiquer & l'*Accord consonant* de *Sixte-Quarte*, & les *Dissonans* de *Sixte-Quinte*, de *petite Sixte*, même quelquefois de *Seconde;* preuve que la science n'est pas toujours d'accord avec l'oreille de ceux qui se conduisent de la sorte.

Si l'on ne parle en aucun endroit des Accords de *Septiéme* & *Sixte*, de *Septiéme* & *Seconde*, non plus que de *Sixte mineure* avec la *Tierce majeure;* plusieurs Compositeurs nous avertissent cependant par leurs chiffres que ces Accords existent; mais sans nous avertir, en même temps, que les deux premiers ne se font que sur des Notes de goût, qui supposent celles qui les précedent ou qui les suivent, & que dans le dernier la *Tierce majeure* suspend sa marche naturelle, souvent même sans nécessité; ils nous laissent dans l'erreur, & nous obligent par-là de donner la torture à notre esprit, pour trouver des constructions d'Accords dont on n'a jamais ouï parler, & auxquelles ne répond aucune des constructions connues.

Mais passons tous ces défauts, & voyons seulement ce qui résulte du chiffre par lui-même.

Quand vous êtes instruit de tous les Accords que je viens d'exposer, & quand vous sçavez que tel chiffre indique tel Accord, vous devez toujours sous-entendre avec l'intervalle désigné par ce chiffre, deux ou trois autres intervalles qui n'y sont presque jamais exprimés; & autant d'Accords, autant de différens intervalles à y sous-entendre. Ici c'est la *Tierce* & la *Quarte;* là c'est la *Tierce* & la *Quinte;* là c'est la *Seconde*, la *Quarte* & la *Quinte*, ainsi du reste. Ici la *Tierce* doit être *majeure*, là *mineure;* ici la *Seconde* & la *Quarte*, ou bien l'une des deux seulement, doit être *superflue;* là elle ne le doit point être; même accident quelquefois à la *Quinte*, ainsi du reste. Or, concevez, je vous prie, jusqu'où s'étend ce détail. Si, d'un autre côté, tous les intervalles sont désignés par plusieurs chiffres ensemble, on n'en est que plus embarrassé: plus les objets sont multipliés, plus il en coûte pour les rassembler dans son imagination, & plus l'exécution en est par conséquent retardée. Mais ce n'est encore rien; il faut pouvoir pratiquer tous ces Accords dans le même moment qu'on en reçoit l'idée par le chiffre: il y a, pour cela, un ordre à observer dans les doigts, & sur-tout une connoissance bien distincte à avoir du Clavier; il faut y reconnoître tous les intervalles tant *justes*, *majeurs* & *mineurs*, que *superflus* & *diminués*, relativement à chaque touche; & chacune de ces touches doit y être connue sous deux noms différens; *Ut*, par exemple, sous le nom de *Si dièze; Mi bémol*, sous le nom de *Ré dièze*, &c. Rassemblez toutes ces opérations dans votre esprit, & tâchez de vous imaginer quand est-ce qu'elles pourront se réunir dans une prompte exécution. Ne croyez pas, au reste, que ce soit là tout; il vous manque encore bien des choses, & bien plus essentielles que celles que vous possédez déja. Toute votre science est encore inutile, si vous ne connoissez le *Ton*, le moment précis où il change, le nombre des *Dièzes* ou des *Bémols* qu'il contient, pour sçavoir les employer à propos dans chaque Accord, & quelle doit être la succession de ces Accords relativement à celui-ci ou à celui-là; bien entendu que tout cela doit encore passer dans les doigts, de maniere que l'exécution n'en soit jamais retardée par la réflexion qu'exigent tant de différentes opérations de l'esprit.

On ne peut donc disconvenir que la maniere dont on chiffre aujourd'hui les Basses, ne soit extrêmement compliquée ; ce qui doit faire excuser ceux qui s'y trompent quelquefois, non-seulement lorsqu'ils exécutent l'ouvrage des autres, mais encore lorsqu'ils chiffrent eux-mêmes leurs propres Basses. Aussi les Maîtres, pour guider, s'il étoit possible, l'Accompagnateur dans des routes si obscurément & si confusément désignées, s'efforcent-ils, mais toujours en vain, de suppléer au défaut des chiffres par des Régles & des Méthodes d'Accompagnement qui, comme je vais le prouver en second lieu, sont plus propres à y répandre les ténébres que la lumiere.

Que trouve-t'on, en effet, dans ces Méthodes, sinon un amas prodigieux & confus de Régles pleines d'exceptions, qui même ne sçauroient suffire, à beaucoup près, à donner une démonstration sensible & complette de la succession des Accords, dont se forment l'enchaînement & le progrès fondamental de l'Harmonie ? outre que ces Régles ne parlent qu'à l'esprit, & ne sçauroient guider l'Accompagnateur dans ses incertitudes, indépendamment du raisonnement & de l'oreille : avantage que procure parfaitement la nouvelle Méthode que je propose à la suite de ce second Chef qu'il faut examiner.

Je dis que nous n'avons point encore de Méthodes qui nous éclairent suffisamment sur la succession des Accords, & qui nous mettent en état de l'exécuter promptement ; & sans hésiter, je m'en tiens à la discussion des Ouvrages que nous avons de M. Delaire sur ce sujet, attendu que de tous les Auteurs qui ont entrepris de nous donner des Régles d'Accompagnement, il n'y en a point qui semble mériter plus d'égard que celui-ci.

M. Delaire, dans son Traité d'Accompagnement, gravé en 1700, détermine la succession des Accords sur celle de la Basse : idée très-bien conçue, & à laquelle il ne manque que ce qui auroit pu la rendre digne d'attention.

Cet Auteur, en déterminant ainsi la succession des Accords sur celle de la Basse, ne dit point en quel *Ton* est cette Basse, ni par conséquent quel rang y occupent les Notes qu'il y donne pour régle : de sorte que, outre le détail immense où il descend, outre les exceptions qui y fourmillent, il ne dit rien de positif sur quoi l'on puisse tabler ; & avec cela il n'y a pas une régle de succeſſion, où il n'oublie une bonne partie de ce qui doit y entrer. Par exemple, *quand la Baſſe monte d'un ſemi-ton*, dit-il page 33, *& que l'on ne fait pas la Sixte ſur la ſeconde Note, on fait la Tierce & la Sixte mineures ſur la premiere Note, & l'on paſſe la fauſſe Quinte ſur la derniere partie de ladite Note; ou l'on fait le tout enſemble, quand la Note qui fait fauſſe Quinte a été ſonnée ſur la précédente, ou ſi le mouvement eſt léger. Lorſqu'on fait la Sixte ſur la ſeconde Note, il faut faire la Sixte majeure ſur la premiere, pourvû que la ſeconde Note ne gagne point une cadence; car pour-lors il faudroit faire la Sixte mineure ſur la premiere. On ne laiſſe pas de faire la Sixte ſur la premiere Note dudit intervalle, quoique la ſeconde Note ne porte pas.* Voyez les autres Articles, vous en trouverez qui ſouffrent encore plus d'exceptions, ſans que pour cela elles y ſoient toutes ſpécifiées.

Examinons d'abord le fruit qu'on peut tirer de cet article, avant que de voir ce qui y manque.

Déja l'Accord de la premiere Note n'eſt déterminé qu'au cas que celui de la deuxiéme ſoit connu : or rien ne le fait connoître dans les Régles données ; & quels détours ne faut-il pas prendre d'ailleurs, pour juger de l'Accord de cette premiere Note? Il faut ſçavoir d'abord ſi la deuxiéme porte la *Sixte*, ou non; mais quel eſt l'autre Accord, au lieu de la *Sixte?* Il faut prévoir ſi la deuxiéme ne gagne point une *cadence*, ou ſi elle porte harmonie; comment cela ſe devine-t'il? Il faut enfin remarquer ſi la Note qui doit faire la *fauſſe Quinte* a ſervi auparavant; il faut avoir égard à la différence des mouvemens; mais ſi je ne connois pas le *Ton* ni le rang qu'y occupent les Notes dans la marche preſcrite, quel fruit tirerai-je de cette Régle?

Dans le *Ton majeur*, par exemple, c'eſt le troiſiéme & le ſeptiéme degrés qui montent d'un *demi-ton* ou *ſemi-ton*; l'un, ſous le nom de *Médiante*, y portant pour-lors la *Sixte mineure*, ſans que la *fauſſe Quinte* puiſſe jamais y être jointe; & l'autre, ſous le nom de *Note ſenſible*, y portant pour-lors la *Sixte mineure* & la *fauſſe Quinte*, ſans être obligé de remarquer ſi celle-ci a ſervi auparavant ou non.

Dans le *Ton mineur*, c'eſt toujours le ſeptiéme degré qui monte d'un *demi-ton*, & qui y porte l'accord qui vient de lui être aſſigné; mais ce n'eſt plus le troiſiéme, c'eſt au contraire le deuxiéme & le cinquiéme qui y montent de même; l'un de ces deux derniers, ſous le nom de *Suſinale* ou *Sutonique*, y portant ou l'*Accord* de *septiéme*, ou l'*Accord* de *petit Sixte*; & l'autre, sous le nom de *Dominante*, y portant ou l'*Accord* de *septiéme*, ou celui de *Sixte-Quarte*; le tout au gré du Compositeur; sans qu'il soit difficile d'en juger, quand on sçait une fois en quoi consiste la succession de l'Harmonie, & où tend sa fin.

D'un autre côté, si le *Ton* change, le premier, le troisiéme, le quatriéme, le cinquiéme, le sixiéme & le septiéme degrés peuvent monter chacun d'un *demi-ton*, après avoir porté des Accords différens de ceux qui viennent d'être énoncés; le premier, par exemple, sous le nom de *Finale* ou *Tonique*, montera d'un *demi-ton* après avoir porté l'*Accord parfait*; le troisiéme, sous le nom de *Médiante d'un ton mineur*, montera d'un *demi-ton*, après avoir porté la *Sixte majeure*; le quatriéme, sous le nom de *Sous-dominante*, montera d'un *demi-ton*, après avoir porté ou l'Accord de *Sixte-Quinte*, ou celui de *Neuviéme*; le cinquiéme, sous le nom de *Dominante*, montera d'un *demi-ton*, après avoir porté ou l'*Accord* de *Septiéme*, ou celui de *Quarte*; le sixiéme, sous le nom de *Sudominante* d'un *Ton mineur*, montera d'un *demi-ton*, après avoir porté l'*Accord* de *Septiéme*; & le septiéme enfin, sous le nom de *Sous-Tonique* d'un *Ton mineur*, montera d'un *demi-ton*, après avoir porté l'*Accord parfait*; étant à remarquer cependant que pour-lors ce septiéme degré n'est plus tel, & qu'il devient *Tonique* par l'accident du *Chromatique*; accident qui peut même fournir d'autres Accords que ceux que je viens d'appliquer à tous les degrés précédens dans le cas présent.

Que d'exceptions à ce seul article de M. Delaire! Mais ne croyons pas que quand le tout y seroit aussi-bien spécifié qu'il le pourroit être, il en résultât des instructions suffisantes pour bien accompagner: penser au *Ton*, au rang qu'y occupent les Notes de la Basse, & à leurs Accords arbitraires, fondés sur ceux qui viennent à leur suite, & que souvent on ne connoît pas, voilà trop d'opérations à la fois: que font les doigts pendant ce temps-là?

Nous avons cependant obligation à cet Auteur de ses recherches; on n'avoit pas encore été si avant jusqu'à lui, & l'on n'a pu qu'en profiter: aussi la *Régle de l'Octave*, Régle presque généralement reçue, Régle qu'il a enfin adoptée, en l'insérant dans son Traité il y a sept ou huit ans, n'a-t'elle pris racine en France qu'après l'Edition de ce Traité. M. Campion est le premier qui en ait favorisé le Public; d'autres ont ensuite encheri sur lui, & cela jusqu'à mon Traité de l'Harmonie, où j'ai tâché de préparer les

Curieux sur mes nouvelles idées, que je n'osai pour-lors développer entierement, à cause de la nécessité où je me voyois réduit d'abolir les signes en usage, pour leur en substituer de plus lumineux. Assuré que l'expérience faisoit plus d'impression sur les esprits en général, que tous les principes les mieux fondés, j'ai cru devoir commencer par-là. Plusieurs peuvent rendre compte aujourd'hui, & par leur raisonnement, & par leur pratique, du fruit qu'on doit attendre de ma nouvelle Méthode dans l'Accompagnement, dans la Composition & dans le Prélude; ce qui ne peut qu'ajouter beaucoup aux vérités qu'on y découvrira.

Quoique M. Delaire ne soit point Auteur de la *Régle de l'Octave*, il suffit qu'elle se trouve dans ses Ouvrages pour qu'on s'apperçoive que j'ai eu dessein de l'embrasser dans la discussion à laquelle je m'en suis tenu : ainsi passons à l'examen de cette derniere Régle.

C'est effectivement dans cette *Régle de l'Octave* que les Accords sont déterminés relativement au rang qu'occupent les Notes de la Basse dans un *Ton* donné : mais outre que ces Accords n'y sont généralement déterminés que dans un ordre *diatonique*, attendu qu'il y a d'autres ordres sur lesquels cette Régle garde presque par-tout le silence, sçavoir, le *Consonant*, le *Chromatique* & l'*Enharmonique* ; c'est que tous les Accords possibles dans cet ordre *diatonique* n'y sont pas spécifiés ; c'est, en un mot, que quand rien n'y manqueroit de ce côté-là, le principal y manque; sçavoir, le moyen de reconnoître le *Ton*, sur-tout le moment précis où il change, & cela dans une promptitude proportionnée à celle qu'exige l'exécution : car que sert de sçavoir qu'il faut faire tel Accord sur tel degré du *Ton*, si ce *Ton* peut n'être pas toujours connu? D'ailleurs que d'opérations cette Régle n'exige-t'elle pas, & comment peut-on y suffire? Quoi! à chaque Note, à chaque Accord, il faudra s'assurer du *Ton*, du rang qu'y occupe cette Note, & de l'Accord qu'elle doit porter? Que feront les doigts pendant ce temps-là, je le répete encore? N'ont-ils pas, de leur côté, leurs opérations à faire? A peine est-on arrivé à un Accord qu'un autre se présente; le moment où l'on y voudroit penser, est justement celui où il faut l'exécuter. Ne croyez pas que si l'on y rencontre juste quelquefois, ou par le secours de l'oreille, ou par celui de la partition, ou par la facilité qu'on a de lire dans un instant une ligne de Musique, ou par certaines Régles le plus souvent équivoques, cela soit un moyen infaillible de ne s'y tromper jamais : j'en prends à témoins

moins les plus habiles : ſçavoir ce qu'il faut faire, & l'éxécuter dans un certain moment donné où l'on n'a pas le temps d'y réfléchir, ce ſont deux choſes bien différentes.

Si vous attendez, pour bien accompagner, que votre oreille ſoit abſolument formée, que vous ſçachiez lire la Muſique très-rapidement, que vous puiſſiez jetter les yeux ſur pluſieurs parties à la fois, pour juger, par la partition, de l'Accord que vous avez à pratiquer, ſans que cela donne la moindre atteinte à la promptitude néceſſaire de l'éxécution, & que vous ſoyez en état de ne point confondre les différentes Régles applicables à tous les différens cas qui ſe préſentent d'un moment à l'autre ; j'admire votre patience. Le temps & l'application peuvent beaucoup, à la vérité : mais êtes-vous bien réſigné à travailler aſſiduement pendant dix ou douze années, comme ont été obligés de le faire juſqu'ici tous ceux qui réuſſiſſent un peu dans l'Art dont il s'agit ?

Tous ces moyens que je viens d'alléguer ne ſont pas d'ailleurs ſuffiſans pour bien accompagner : ſans une habitude contractée par les doigts, habitude néceſſairement fondée ſur la conſtruction & ſur la ſucceſſion obligée de la plus parfaite Harmonie, toute votre ſcience, tous vos talens ſont ſuperflus. A quoi ſervent donc des Régles qui, loin de procurer ces habitudes, en arrêtent à tout moment le cours ? C'eſt aux doigts & à l'oreille qu'il faut parler ici ; & ce dont on y occupe l'eſprit, doit être de telle trempe, qu'il puiſſe inſenſiblement ſe communiquer à ces principaux agens ; de maniere que la conception, le jugement, le ſentiment & l'éxécution ne faſſent plus qu'un tout indépendant, en apparence, l'un de l'autre.

Les Maîtres les plus zélés à bien remplir leur devoir, ſentant mieux que qui que ce ſoit le défaut de leurs Régles, enſeignent ordinairement de quelles conſonances ſe *préparent* & ſe *ſauvent*, c'eſt-à-dire, ſont précédées & ſuivies toutes les Diſſonances : prodigieux détail, dont celui de ces Diſſonances fait aſſez appercevoir. D'autres enſeignent totalement la Compoſition, ou conſeillent de l'apprendre avant l'Accompagnement ; comme ſi cet Accompagnement n'étoit pas la Compoſition même, aux talens près, qu'il faut joindre à l'un pour faire uſage de l'autre ; encore n'acquiert-on promptement la ſenſibilité de l'oreille à l'Harmonie, principal de tous les talens pour la Compoſition, que par le ſecours de l'Accompagnement ; preuve que cet Art doit être le premier en date pour qui veut devenir Musicien. Souvent celui qui croit voir le mieux, est le plus aveugle, dès qu'il s'en tient à l'usage, sans examiner s'il est bien ou mal fondé.

Remarquons bien, au reste, que toutes ces Régles qu'on enseigne, soit sur la marche de la Basse, soit sur celle de l'*Octave* d'un *Ton* donné, soit sur la maniere de *préparer* & de *sauver* les Dissonances, soit sur la Composition en général, ne concourent qu'à faire connoître la succession d'un seul Accord à un autre: de sorte qu'à chaque Accord toujours nouvel objet, toujours nouveau sujet de réflexion; car même détail de tous côtés: or quelle confusion pour l'esprit! Quand est-ce qu'on peut s'assurer d'y voir regner l'ordre? Quand est-ce que cet ordre passera dans les doigts?

Lorsque l'oreille attend tout de l'éxécution pour se former à l'Harmonie, on tient cette éxécution en arrêt, les doigts n'y marchent pendant long-temps qu'à tâtons, & n'y font pas un pas sans l'ordre du jugement: cependant toutes les fonctions de l'esprit sont autant d'obstacles à celles de nos sens: fixez les yeux sur un objet, & pensez à un autre, vous ne pouvez pour-lors vous rendre compte de ce qu'ils apperçoivent. Rêvez pendant qu'on vous parle, vous entendez les mots, sans en distinguer le sens: par la même raison, pensez au *Ton*, au rang qu'y occupe une Note de la Basse, à l'Accord que cette Note doit porter, à la construction de cet Accord, à ce qui doit le précéder & le suivre, & à la maniere de l'éxécuter, ne pensez même qu'à l'une de ces choses, vos doigts sont retenus, & votre oreille n'en sent plus l'effet de maniere à pouvoir vous en rendre compte: cela ne souffre aucune difficulté; & ce n'est que lorsque la machine marche comme d'elle-même, lorsque nos sens ne sont distraits par aucune opération de l'esprit, que nous sommes en état de nous rendre compte des impressions qu'ils reçoivent; vérité qui se reconnoît principalement lorsqu'il s'agit de joindre la mesure à un air. Cette mesure vous est naturelle, vous pouvez l'éprouver indépendamment de l'air; mais l'attention que vous êtes obligé de donner à la Musique vous en distrait: sur quoi vous attribuez souvent à votre oreille un défaut qui ne vient que de ce qui vous distrait de ses fonctions naturelles.

Nous faisons pratiquer, direz-vous, tout ce que nous enseignons, jusqu'à ce que les doigts en soient, pour ainsi dire, les maîtres : mais remarquez-vous bien que si, de tout ce que vous faites pratiquer, la *Régle de l'Octave* est celle où il y a le plus d'ordre, & où l'oreille puisse mieux trouver son compte, cette Régle est cependant trompeuse ; qu'elle accoutume l'oreille à des routes qui ne sont point générales, & qu'elle accoutume même les doigts à n'en pouvoir suivre d'autres, sans le secours de la réflexion ? Tous ceux qui sortent de vos mains me seront témoins qu'ils sont plus en habitude de faire la *petite Sixte* sur le deuxième degré du *Ton*, que pas un autre Accord ; cependant on y peut faire aussi l'Accord de *Septième*, ou celui de *Neuvième* & *Quarte ;* chacun de ces Accords ayant sa succession particuliere, & le tout devant être également familier aux doigts & à l'oreille ; ainsi des autres degrés du *Ton*, à chacun desquels vous n'appliquez qu'un Accord par prédilection, lorsqu'il peut s'y en trouver un ou deux autres, qui doivent être également familiers. Il n'y a point ici d'excuse recevable, parce que tout ce qui doit être également familier, doit être présenté dans le même tems, & avec la même simplicité, dès que cela se peut, sans y mettre de la différence, qui entraîne avec elle la réflexion, & qui par conséquent est capable de faire manquer le moment précis de l'éxécution.

Quand même votre but seroit de rendre le tout également familier aux doigts & à l'oreille, vous tombez dans un nouvel inconvénient, qui doit nécessairement en retarder l'effet. Vous retranchez de presque tous les Accords dissonans un son, une Note, qui les différencie, & pour l'esprit, & pour les doigts, & pour l'oreille, lorsqu'avec cette Note ce n'est plus qu'un même Accord : enfin d'un seul Accord vous en faites jusqu'à sept ; les voici représentés ci-après.

ACCORDS.

	De Septième.	*De Fausse-Quinte.*	*De Petite-Sixte.*	*De Triton.*
Accords.	Fa. Ré. Si.	Fa. Ré. Sol.	Fa. Si. Sol.	Ré. Si. Sol.
Basses.	Sol.	Si.	Ré.	Fa.

	De Septième superflue.	*De Neuvième.*	*De Quinte superflue.*
Accords.	Fa. Ré. Si. Sol.	Fa. Ré. Si. Sol.	Fa. Ré. Si. Sol.
Basses.	Ut.	Mi.	Mi *Bémol.*

Retranchez la Baſſe des trois derniers Accords, vous trouverez par-tout *Sol Si Ré Fa*; car il ne tient qu'à vous d'employer ces quatre mêmes Notes dans chacun des quatre premiers Accords : ce n'eſt donc par-tout qu'un même Accord, où la Baſſe peut toujours être regardée comme un hors-d'œuvre, attendu les ſuppoſitions qu'elle y peut ſouffrir, comme dans les trois derniers; ſuppoſitions qui ne changent rien dans la conſtruction de l'Accord pour la main qui l'éxécute, ni dans ſa ſucceſſion, tant pour ce qui le précéde, que pour ce qui le ſuit.

Quoique les trois derniers Accords ſoient en même conſtruction, vous les différenciez cependant par les différens noms que vous leur donnez, relativement aux différentes Notes de la Baſſe auxquelles ils peuvent être appliqués : l'Accord de la *Septième ſuperflue* paroît tout différent de celui de la *Neuvième* à quiconque ſe guide par vos régles; il cherche, d'un côté, la *Septième* & ſon accompagnement; de l'autre, il cherche la *Neuvième* & ſon accompagnement; enfin ces ſept Accords, qui ne ſont qu'un même Accord, ſont cependant tous différens pour lui. D'ailleurs vous y mettez encore des exceptions; tantôt vous donnez les quatre Notes à quelques-uns des quatre premiers Accords, tantôt vous en retranchez dans les trois derniers.

Qui plus eſt, de chacun de ces ſept Accords, vous en faites

du moins trois pour les doigts; tantôt ils s'y arrangent de cette
Fa *Ré* *Si*
forte, *Ré*; tantôt de cette forte, *Si*; & tantôt de celle-ci, *Fa*; car si
Si *Fa* *Ré*
nous prenions l'Accord complet *Sol Si Ré Fa*, nous y trouverions quatre ordres différens, ce que les Organistes appellent *Faces*.

Vous me reprocherez, sans doute, que je suis dans le même cas: mais quand vous verrez les moyens dont je me sers pour rendre toutes les faces également familieres, moyens qui ne peuvent influer sur un Accord dont on retranche quelques Notes, vous sentirez que ce reproche ne peut tomber sur ma Méthode.

Une preuve que ces différentes faces d'un même Accord, occupent presqu'autant que si c'étoient des Accords différens, c'est qu'il n'y a presque point d'Accompagnateur, quelque routiné qu'il soit, qui n'ait une de ces faces plus familiere que les autres, sous les doigts: d'où l'on en voit qui dérangent à tout moment leurs mains, & qui, par conséquent, n'observent pour-lors aucune succession légitime entre les Consonances & les Dissonances; d'autres sont obligés de faire la Pagode, en quittant la vue de dessus le Livre, pour chercher sur le Clavier la face qui leur y est la plus familiere; d'autres manquent absolument l'Accord; d'autres enfin, plus routinés, y suppléent par quelques fredons, par un Chant hors d'œuvre, par une roulade, ou par quelque chose de semblable; sur quoi on les admire le plus souvent, lorsqu'ils sont le plus à condamner.

Ce n'est pas le tout; à chaque face d'un même Accord, la marche des doigts est différente, soit pour y arriver, soit pour passer à un nouvel Accord; de sorte que, supposé qu'un même Accord puisse être suivi de cinq Accords différens, comme je l'exposerai dans le Plan de ma Méthode, ces cinq successions possibles se multiplient pour-lors jusqu'à soixante & quinze, & par la distinction d'un Accord en cinq seulement, & par les trois faces dont chacun de ces cinq Accords est susceptible; car cinq fois 5 font 25, & trois fois 25 font 75.

Comment voulez-vous, pour-lors, que l'oreille s'accoutume promptement aux différentes succéssions de l'Harmonie, lorsqu'au lieu de cinq, vous lui en presentez 75? Si elle peut en démêler à la fin le cahos, ce ne sera toujours que par un sentiment occulte, qui ne se communiquera point à l'esprit; de sorte que vous y ferez toujours embarrassé dans l'éxécution, du moins quelquefois : car l'oreille seule ne suffit pas pour faire marcher les doigts aussi promptement que l'éxécution de l'Accompagnement le demande.

Ce que j'avance à l'égard du sentiment occulte de l'oreille n'est pas sans preuve : car d'où vient que jusqu'au Traité de l'Harmonie * on ne sçavoit pas qu'un certain nombre d'Accords pouvoit se réunir en un seul, ni qu'un certain nombre de successions pouvoit se réunir en une seule ? Comment est-ce que l'oreille a pu si long-tems nous laisser dans l'erreur ? Sans doute que nous y avons toujours pris les choses pour ce qu'on les lui a présentées ?

* *Voyez* sur ce sujet tous les Traités de Musique. *Voyez* les Basses chiffrées.

Quel est votre but, quand vous retranchez ainsi une Note des Accords ? Quoi ! le goût, la crainte de faire deux *Octaves* de suite ? Vous préférez donc la fleur au fruit ? Ne vous abusez pas, cette fleur est passagere, le vent l'emporte, & le fruit avec elle ; au lieu que sa semence est encore dans ce fruit. Je m'étendrai davantage sur ce sujet à la fin de la Dissertation.

Si plusieurs se sont rebutés de l'Accompagnement sur les premieres difficultés qui s'y présentent, combien d'autres, parmi ceux qui accompagnent aujourd'hui, n'en auroient pas fait autant, si on leur eût laissé entrevoir ce labyrinthe impraticable, dont je ne viens de donner encore qu'une foible teinture ? car je n'ai pas tout dit, comme la suite le confirmera ; & j'y ai même supposé dans la bouche des Maîtres bien des principes essentiels, qui ne sont point dans leurs Ecrits.

Qui pourra désormais s'assurer de surmonter toutes ces difficultés, à présent qu'on les touche au doigt & à l'œil ? Ne croyons pas aussi que nos plus fameux Accompagnateurs tiennent grand compte de leurs Régles dans l'éxécution. Je veux bien qu'ils puissent se les rappeller à tête reposée ; mais dans la rapidité de cette éxécution, comment voulez-vous que leur esprit puisse s'occuper en même tems & du *Ton*, & du nombre des *Dièzes* ou *Bémols* qu'il exige, & du moment précis où il change, & du rang qu'y tient une Note de la Basse, & de l'accord de cette Note, accord souvent arbitraire, & de ce qui compose cet accord, dont l'idée ne vient d'abord que sous sa dénomination particuliere, & de sa succession, & de la maniere de l'éxécuter avec la Basse, & de la lecture de la Musique, & de la précision de la mesure, & de l'intelligence qu'il faut avoir pour s'unir avec les Concertans ? Examinons-nous bien avant que de décider, & nous verrons qu'une oreille consommée & secondée d'une routine enracinée dans les doigts, aussi-bien que de quelques signes qui nous rappellent ce qui pourroit nous échapper d'ailleurs, est tout le mobile de notre éxécution.

Oui, l'oreille & les doigts sont presque tout dans l'Accompagnement, aussi-bien que dans nos fantaisies sur l'Orgue ou sur le Clavecin. Il est vrai que pour former cette oreille, il faut lui présenter pendant quelque tems les routes par lesquelles elle doit ensuite nous conduire; que pour les lui présenter, il faut y accoûtumer les doigts; que c'est par le jugement que ces routes doivent se communiquer aux doigts; & que par conséquent il faut d'abord orner l'esprit des régles nécessaires en ce cas: mais aussi, plus ces régles seront compliquées, plus vous mettrez de tems à acquérir & l'habitude & la sensibilité; peut-être même n'acquerrez-vous jamais l'un & l'autre que très-foiblement avec des régles trop compliquées; puisque de tous ceux qui apprennent l'Accompagnement, à peine en voit-on la vingtième partie paroître sur la scène, & à peine la vingtiéme partie de celle-ci accompagne-t-elle un peu passablement, à la facilité près d'éxécuter la Basse avec précision.

On ne s'informe pas du tems qu'il en a couté à ceux qui passent pour bien accompagner, lorsque cependant, il leur en a couté, du moins, dix ou douze années d'exercice: on n'éxamine guères, non plus, s'ils pratiquent généralement bien tous les Accords dans une succession légitime: cela passe la portée du plus grand nombre des Auditeurs.

De la précision dans la mesure, un peu de hardiesse, en voilà plus qu'il n'en faut pour mériter les suffrages.

Ce n'est pas d'un pareil Accompagnement, dont je prétends vous faire part: il y entre de la routine, il est vrai, & beaucoup même, parce qu'elle y est nécessaire; mais aussi, de quel secours n'y est-elle pas, & pour l'esprit, & pour l'oreille, & pour les doigts? Outre que mon but n'est pas de vous y procurer simplement la facilité d'accompagner réguliérement; je compte que vous en tirerez, de plus, & la connoissance de l'Harmonie, & les moyens de préluder, de toucher des Fantaisies sur l'Orgue, & sur le Clavecin, comme l'ont déja éprouvé quelques Particuliers qui ne s'en cachent point.

Il seroit à souhaiter qu'en conséquence des régles en usage, il fût possible d'accompagner sans chiffres, c'est-à-dire, que l'on eût un moyen sûr de connoître promptement le *Ton* & ses accessoires, sur-tout dans le moment précis où il change, aussi-bien que les Accords arbitraires, dont ses différens degrés sont susceptibles : mais il faut trop d'opérations pour cela.

Si un nouveau *Dièze*, *Bémol*, ou *Béquare* est la marque certaine d'un changement de *Ton*, il n'arrive pas toujours à point nommé ; souvent il n'est-là que pour le goût du Chant, & son accident n'y change rien ; souvent il n'y est point du tout, quoique le *Ton* change, & c'est pour-lors à la marche de la Basse qu'il faut avoir recours : on cherche une *Cadence finale*, elle se trouve *rompue* ou *interrompue* avant qu'elle arrive effectivement, ou bien encore elle n'arrive point, lorsque cependant le *Ton* change ; il faut parcourir une ligne de Musique pour cela, & quelquefois en vain, pendant qu'il s'y agit du passage d'une Note à une autre, dont la durée n'équivaut quelquefois que le tems qu'on met à prononcer deux syllabes de suite : enfin il est rare qu'on n'y manque pas l'Accord dans le moment le plus précieux ; moment où le *Ton* change, moment où l'Auditeur doit être affecté de ce changement, parce que c'est-là justement où l'expression reçoit le plus de force ; moment enfin où il est de toute nécessité de prévenir le Chanteur sur le nouveau *Ton* qu'il va parcourir, pour que, moins occupé de ce côté-là, il puisse se livrer tout entier au goût du Chant, à l'expression.

Je sçais qu'une grande habitude acquise dans les doigts, & soutenue d'une oreille consommée, peut beaucoup en pareil cas, surtout quand on y est encore secondé de toutes les connoissances nécessaires : mais une seule chose doit toujours nous y arrêter ; sçavoir, que dès qu'il plaît au Compositeur de s'écarter des routes ordinaires, il ne nous est pas possible de le deviner toujours à point nommé. D'ailleurs comme l'harmonie est souvent arbitraire dans beaucoup de marches pareilles de la Basse, il faut non-seulement être au fait de cet arbitraire, mais on est forcé, de plus, d'écouter le tour d'harmonie que le Compositeur y aura employé, pour pouvoir s'y conformer ensuite ; & lorsque cette harmonie auroit dû être donnée dans un certain moment précis, on ne peut cependant la donner pour-lors qu'après coup.

Il est vrai qu'on ne s'expose guères à accompagner sans chiffres, sans avoir la partition devant les yeux : mais pour-lors la partition ou le chiffre, c'est la même chose. Voir, d'un côté, une Note qui fait la *Tierce* de la Basse, par exemple, & voir, de l'autre, un chiffre qui la marque, quelle différence y a-t'il ? Il est

eſt vrai que le *Ton* ſe reconnoît mieux dans la partition que dans le chiffre, ſuppoſé qu'on ſoit inſtruit des Régles qui doivent procurer cette connoiſſance, & qu'on ſoit capable d'une grande attention : mais ne pourroit-on pas trouver un moyen d'épargner les ſoins que cela demande? Faut-il attendre, pour cela, qu'on ſoit en état de lire pluſieurs parties à la fois, & d'y parcourir dans le moment pluſieurs meſures? On peut fort bien accompagner ſans tous ces ſoins; & pourquoi les exiger, dès qu'ils ne ſont pas abſolument néceſſaires?

Tous ceux qui veulent ſçavoir l'Accompagnement s'y livrent-ils comme à une étude pénible, ou comme à un amuſement? Ne ſont-ce pas la plûpart de jeunes enfans diſſipés & diſtraits, ennemis de la réflexion? Ne fera-t'on rien en leur faveur? Hé! pourquoi ſemer des épines, quand on peut y ſubſtituer des fleurs?

Si donc les ſignes qu'on employe à chiffrer les Baſſes y cauſent le plus ſouvent de l'embarras, ſi l'on ne peut cependant s'en paſſer ſans tomber dans d'autres embarras encore plus grands, & ſi les Méthodes & les Régles d'Accompagnement qu'on a données juſqu'ici ne peuvent ni clairement ni ſolidement nous guider; voyons ſi la nouvelle Méthode dont je vais expoſer le Plan, ne contiendra pas des Principes qui rendent cet Accompagnement plus ſimple, plus régulier & plus facile.

PLAN DE LA NOUVELLE METHODE.

Pour arriver au Plan dont il s'agit, je commencerai par expoſer en quoi conſiſtent l'Accompagnement du Clavecin & les Principes ſur leſquels il doit être fondé.

L'Accompagnement du Clavecin conſiſte à exécuter ſur cet inſtrument une harmonie complette & réguliere.

On y a pour guide une des parties de la Muſique, qui eſt ordinairement la plus baſſe, d'où on l'appelle *Baſſe*.

On touche cette Baſſe de la main gauche, & l'Harmonie qu'on y joint s'éxécute de la droite.

La Baſſe, ou une autre partie de la Muſique, ou même des ſignes indépendans, en apparence, de cette Muſique, peuvent également ſervir ici de guide: d'où l'on peut y regarder cette Baſſe comme un hors-d'œuvre.

N'a-t'on que le Clavecin pour éxécuter la Baſſe, y domine-t'elle aſſez conſidérablement, & ne la fait-on pas doubler, autant qu'on le peut, par d'autres instrumens, dont le son étouffe même celui du Clavecin?

S'il ne s'agit que de l'Harmonie dans l'Accompagnement, & si je fournis un moyen de la rendre toûjours complette & réguliere, sans le secours de la Basse; donc cette Basse n'y sera plus qu'un hors-d'œuvre: qu'elle soit pour-lors exécutée par le Clavecin, ou par un autre instrument, ce sera la même chose; & excepté le cas où l'on n'a point d'autres instrumens, je ne vois pas qu'il ne soit fort libre de se passer de la Basse dans l'Accompagnement du Clavecin.

Tel se contentera de vouloir prendre connoissance de l'harmonie dans l'Accompagnement du Clavecin, & pourra se passer de la Basse en ce cas; tel autre seroit bien-aise d'être promptement en état d'accompagner dans un Concert où il se trouve ordinairement assez d'autres instrumens que le Clavecin, pour exécuter la Basse; & si l'on n'avoit qu'une main, faudroit-il pour cela se priver de la satisfaction d'accompagner, dès qu'on le peut faire d'une seule main? Enfin c'est toujours un soin que j'épargne dans le besoin: je fais gagner par ce moyen plus des trois quarts du temps; car supposé qu'on n'eût jamais mis la main sur le Clavier, & qu'on ne connût pas une Note de Musique, on pourroit cependant se trouver en état d'accompagner en moins de six mois, à la seule vue de mes signes: cela ne laisse pas que d'avoir son mérite; & certainement je n'en impose point; l'épreuve en a déja été faite; je ne doute pas même qu'on ne s'apperçoive de la possibilité de la chose, si l'on veut bien me suivre avec un peu d'attention.

La Basse, je veux dire, celle que dicte le goût du chant, enfin celle qu'on nous présente toujours pour accompagner, est tellement un hors-d'œuvre dans l'Harmonie, qu'il y a plusieurs cas où elle ne peut s'unir dans son groupe, & où par conséquent elle n'est admise que par goût, & non par nécessité: voyez en effet, si vous pourrez jamais mêler la Note de la Basse dans les Accords nommés *Neuvième*, *Neuvième & Quarte*, *Septième superflue & Quinte superflue*: voyez en même tems si l'Harmonie n'a pas un cours égal sans cette Basse, comme avec cette Basse: donc les Notes de Basse, qui portent l'un de ces quatre Accords, ne sont que des Notes de goût, des Notes par *supposition*, des Notes surnuméraires, comme je l'ai dit dans le Traité de l'Harmonie; enfin des Notes hors d'œuvre, sans lesquelles l'Harmonie suit également son cours naturel.

Cette Basse est tellement un hors-d'œuvre dans l'Harmonie, je le répéte encore, que vous voyez par-tout l'Harmonie suivre toûjours une même route, pendant que cette Basse varie à chaque instant les siennes. D'où vient, par exemple, qu'un seul Accord en fait sept, selon ce qui paroît à la page 12? c'est que vous y variez la Basse. D'où vient que la même succession d'harmonie a été multipliée jusqu'ici en plusieurs? c'est parce qu'on y varie la succession de la Basse: or cette varieté de la Basse n'est de nulle conséquence dans le fond de l'Harmonie, puisque ce fond n'y change jamais. Faites donc là-dessus ce que vous jugerez à propos. Joignez la Basse aux Accords, rien n'est mieux; ne l'y joignez pas, quand vous aurez d'autres instrumens pour l'exécuter, vous le pouvez toûjours: suivez en cela votre goût pour le travail; mais je vous conseille toûjours de tout entreprendre, dès que vous en aurez le tems & le pouvoir.

On n'a pû jusqu'ici se passer de la Basse dans l'Accompagnement du Clavecin, parce qu'on y a toûjours dénué l'harmonie de quelques-unes de ses parties: mais il n'en est pas de même dans la Méthode que je propose; voyons les principes sur lesquels elle doit être fondée.

Principes essentiels de l'Accompagnement.

L'Harmonie se distingue, principalement dans l'Accompagnement, sous le nom d'*Accord*.

S'il n'y a que des consonances & des dissonances dans l'Harmonie, il ne peut donc y avoir que des Accords consonans & dissonans; mais ne nous imaginons pas qu'il y en ait plus d'un de l'une & l'autre espéce. Le premier contient toutes les consonances, & le dernier toutes les dissonances de plus.

Comme il y a des sons différens du grave à l'aigu dans la Musique, chacun de ces sons peut porter le même Accord, consonant ou dissonant; & c'est sous cette idée qu'on peut dire qu'il y a plusieurs Accords consonans & dissonans.

Chacun de ces deux Accords est fondamentalement divisé par *Tierces*; le consonant se compose de trois Notes, comme *Ut*, *Mi*, *Sol*; & le dissonant d'une de plus, comme *Ut*, *Mi*, *Sol*, *Si*.

On peut changer le genre des *Tierces* qui composent chacun de ces deux Accords; mais ce ne seront pas moins des *Tierces majeures* ou *mineures*; le tout sera également renfermé dans les bornes prescrites. Ainsi je n'avance rien que de vrai. A l'égard des accidens qui arrivent par ce changement, je puis me dispenser d'en faire mention à présent.

Quelque distinction que l'on fasse de l'Accord consonant, on y trouvera toûjours trois Notes qui seront entr'elles comme, *Ut*, *Mi*, *Sol*; & quelque distinction que l'on fasse de l'Accord dissonant, on y trouvera toûjours quatre Notes qui seront entr'elles comme *Ut*, *Mi*, *Sol*, *Si*; à la *supposition* près, dont j'ai déja déclaré que tout l'artifice étoit dans la Basse; & à la *suspension* près, dont j'éclaircirai le mystère dans la suite.

La premiere & la plus basse Note de chacun de ces deux Accords pris dans l'ordre où je les expose actuellement, en est toûjours la Basse fondamentale, comme je l'ai déja prouvé ailleurs.

Comme il s'agit ici d'exécuter l'ouvrage des autres, il faut se mettre en état d'y reconnoître les routes qu'ils y ont tenues : ce qui dépend de deux principes : sçavoir, de la connoissance du *Ton*, & de la maniere de se conduire dans ce *Ton*.

La Musique, comme le Discours, a ses phrases, & chaque phrase y a sa texture particuliére.

Ce qu'on appelle *Ton*, est, pour ainsi dire, le moule du Discours Harmonique en général, aussi-bien que de chaque phrase en particulier.

Quand on dit, par exemple, qu'une Piéce de Musique est en tel *Ton*, cela signifie que cette Piéce commence & finit par ce même *Ton*; mais cela ne veut jamais dire que tout le courant de la Piéce soit dans ce même *Ton*: on a la liberté d'y changer de *Ton*; & ce changement fait pour lors sur nous la même impression que celui des phrases dans le discours : d'où il suit que les différens rapports de *Ton* qu'on y peut employer, sément encore dans cette impression une différence pareille à celle des différens rapports de sentimens exprimés dans les phrases successives.

Le *Ton* est une Note donnée relativement, à laquelle tous les degrés contenus dans l'étendue de son *Octave* doivent avoir une certaine proportion; telle est la proportion observée entre les Notes de la Gamme *Ut*, *Re*, *Mi*, *Fa*, *Sol*, *La*, *Si*, *Ut*, relativement à *Ut*, qui y est la Note donnée, que j'appelle pour cette raison, *Tonique*.

Tant que dans les Accords successifs, on n'altére d'aucun *Dieze* ni *Bemol*, les Notes contenues dans l'étendue de l'*Octave* de la Note donnée pour *Tonique*, le même *Ton* subsiste : donc c'est par un nouveau *Dieze* ou *Bemol*, que le changement de *Ton* s'apperçoit.

Outre ces signes capables de faire discerner que le *Ton* change, les Accords affectés à certains degrés de ce *Ton*, peuvent contribuer encore à la même chose ; par exemple, l'Accord consonant, connu sous le nom de *Parfait*, convient à la seule *Tonique* : ce qui me suffit pour ma Méthode ; & ce qui, par conséquent, me dispense d'en dire davantage sur ce sujet.

Connoître le *Ton*, c'est sçavoir où l'on est, d'où l'on vient, & où l'on va. Or, comment accompagner sans ce secours? Cependant c'est ce qu'il y a de plus difficile pour l'Accompagnateur ; presque tous y échouent : c'est pourquoi j'ai jugé à propos de déclarer ce *Ton* par un signe qui épargne le soin de s'occuper à le chercher ; recherche d'autant plus nuisible dans l'exécution, que pour-lors les fonctions des doigts & des talens sont entierement suspendues.

A l'égard de la maniere dont on doit se conduire dans le *Ton*, cela regarde la succession des Accords.

S'il n'y a que des Accords Consonans & Dissonans, dans le sens où j'ai expliqué qu'on pouvoit imaginer qu'il y en a plusieurs de l'une & l'autre espece ; toute la succession des Accords ne consiste donc que dans celle des Consonans entr'eux, des Dissonans entr'eux, & de leur entrelacement : rien n'est plus clair, rien n'est plus positif, cela se démontre de soi-même.

Si nous ne connoissons plus d'autres Accords Consonans que le *Parfait*, & si cet Accord ne convient qu'à la seule *Tonique*, donc la succession des Accords Consonans entr'eux fournira autant de *Toniques* successives que d'Accords ; & par conséquent, autant de *Tons* différens, qui seront distinctement déclarés par leurs signes : l'habitude de cette succession une fois contractée dans les doigts, la leur rendra si familiere, que voir le signe, concevoir & exécuter ce qu'il indique, ce ne sera plus qu'une seule opération ; ainsi des deux autres successions.

La succession des Accords Dissonans entr'eux se fait généralement dans un même *Ton* ; la dissonance y lie, pour ainsi dire, le sens harmonique ; un Accord y fait souhaiter l'autre ; le sens, par ce moyen, n'est pas fini ; & c'est cette succession qui fournit toujours les phrases les plus longues en harmonie.

Si le *Ton* peut changer dans une pareille succession, ce n'est plus que par un nouveau *Dièze* ou *Bémol*, qui vient à y altérer l'une des Notes d'un Accord, sans que l'ordre de cette succession y change pour cela, ni sans qu'il soit plus difficile de trouver sous les doigts le nouveau *Dièze* ou *Bémol*, que la Note même à laquelle il est substitué.

Cette deuxième succession est d'une simplicité sans égale ; tout y est purement méchanique, & les doigts s'en rendent maîtres en peu de jours.

Pour ce qui est de la troisième succession, sçavoir, l'entrelacement des Accords Consonans avec les Dissonans, le principe en réside dans les deux *Cadences fondamentales* de l'Harmonie, soit par *Quinte* en descendant, soit par *Quinte* en montant; c'est le fond de ce qu'il y a de meilleur dans la Régle de l'*Octave :* voyez toujours en attendant, supposé que vous soyez au fait, s'il y a moyen de faire précéder un *Accord Consonant*, d'aucun autre *Dissonant* que de celui de la * *Septième* de la *Dominante*, & de celui de la *Sixte-Quinte* de la *Soudominante*, excepté dans la *Cadence rompue*, & dans les *Suspensions*, où je prouverai cependant, qu'il n'y a pas d'exceptions, quant au fond: pour ce qui est de l'*Accord Dissonant* qui peut suivre le *Consonant*, il est arbitraire ; mais il ne l'est plus, dès qu'il doit être suivi, à son tour, du même *Consonant*.

Je me sers toujours des termes usités pour les *Accords*, puisque ma Méthode n'est pas encore déclarée.

Il regne encore dans cette derniere succession un ordre & une marche, dont le méchanisme passe aussi promptement dans les doigts, que celui de la succession précédente.

On peut déja voir dans ces trois successions fondamentales, au moins trois différentes textures de phrases harmoniques; je dis, au moins, parce que leurs différens entrelacemens en peuvent fournir encore autant qu'il y a de différentes manieres de combiner ces entrelacemens.

Qui plus est, ce qui cause encore la variété des phrases, c'est le choix arbitraire qu'on peut faire de l'Accord *Dissonant*, qui doit suivre le *Consonant ;* celui-là, quoique toujours le même dans le fond, pouvant se rapporter à différentes Notes fondamentales ; ce qui n'a jamais été déterminé, & ce que je ne déterminerai qu'après avoir développé ce qui regarde les successions précédentes.

Moyen de connoître le *Ton*, la *Tonique*, & son *Accord*.

Puisqu'il faut nécessairement connoître le *Ton*, puisqu'on ne peut le discerner principalement que par sa *Note Tonique*, & puisqu'il faut en même tems connoître & pratiquer l'Accord de cette

* On ne peut faire précéder l'Accord parfait de la *Tonique*, que de celui de la *Septième* de la *Dominante Tonique*, & de celui de la *Sixte-Quinte* de la *Soudominante*, excepté dans la *Cadence rompue*, & dans les *Suspensions*.

Tonique; il s'agit de trouver un ſigne qui indique le tout ſi préciſément qu'on n'y ſoit plus occupé que de ce qui regarde l'éxécution.

Ce ſigne ſera l'une des Lettres Alphabétiques qui répondent aux Notes de la Gamme ſuivante.

GAMME.

G Ré Sol.
F Ut Fa.
E Si Mi.
D La Ré.
C Sol Ut.
B Fa Si.
A Mi La.

Ces Lettres *A*, *B*, *C*, *D*, *E*, *F*, *G*, conſervent un ordre trop ſimple entr'elles, pour qu'en ſçachant une fois que *A* ſignifie *A mi la*, ou *la*, on ne ſoit au fait de tout le reſte : d'ailleurs, nous avons tous été inſtruits de cette Gamme ; on ne connoît les touches du Clavecin en Allemagne & en Angleterre, que par ces ſeules Lettres, *A*, *B*, *C*, &c. en Eſpagne & en Italie on dit, *C*, *Sol*, *Ut*; *Ut* y eſt même appellé *Do*, en particulier, & la ſuite de la Gamme s'y exprime de cette façon, *Do*, *Ré*, *Mi*, *Fa*, *Sol*, *Ré*, *Mi*, *Fa*; au lieu que par-tout, les Lettres *A*, *B*, *C*, &c. fourniſſent la même idée, & préſentent le même objet. Donc, pour rendre la Méthode générale, je penſe qu'on ne peut mieux faire que d'employer l'une de ces Lettres pour ſigne, & du *Ton*, & de la *Tonique*, & de ſon Accord : *C* indique, par exemple, qu'on eſt dans le *Ton* d'*Ut*, que *Ut* en eſt la *Tonique*, & qu'il en faut faire l'*Accord parfait*; cette Lettre n'occupant, d'ailleurs, pas plus de place qu'un chiffre.

Pour qu'on ne puiſſe jamais s'écarter de l'idée du *Ton*, j'appellerai dans la ſuite *Accord de la Tonique*, tout Accord conſonant: ce qui eſt très-juſte d'ailleurs, par la raiſon que cet Accord ne convient qu'à la ſeule *Tonique*, comme je l'ai déja dit.

Tous les Accords conſonans ſont compris dans celui de la *Tonique*.

Dans cet *Accord de la Tonique*, & dans ſon ſigne, ſeront confondus & l'*Accord parfait*, & l'*Accord de Sixte*, & celui de *Sixte-Quarte*; nous ne nous y embarraſſerons plus de ces diſtinctions frivoles ; quelque Note qu'il y ait dans la Baſſe, la Lettre qui ſera au-deſſus ou au-deſſous, indiquera toujours l'*Accord de la Tonique* dont elle ſera le ſigne ; qui plus eſt, ſi, par diſtraction, cette Note de la Baſſe vous échappoit, touchez la *Tonique* indiquée par ſon ſigne, l'Harmonie ſera toujours bonne ; & c'eſt-là le principal.

Moyens de connoître les *Dièzes* ou les *Bémols*, qui entrent dans un *Ton*.

En touchant l'*Accord de la Tonique*, vous connoîtrez combien il entre de *Dièzes* ou de *Bémols* dans le courant du *Ton*, c'eſt-à-dire, ceux que vous devrez employer dans tous les Accords contenus depuis un ſigne du *Ton* juſqu'à l'autre ; ſuppoſé que vous ſçachiez ce qui ſuit.

Il y a deux *Gammes* particulieres, celle des *Dièzes*, qui va par *Quintes* en montant, & qui commence par *Fa;* & celle des *Bémols*, qui va par *Quintes* en descendant, ou par *Quartes* en montant, & qui commence par *Si :* or si vous sçavez ces deux *Gammes*, si vous concevez l'ordre que les *Dièzes* & les *Bémols* y observent, qu'il ne peut s'en trouver un, que tous ceux d'auparavant n'y soient sous-entendus, depuis celui par où commence la *Gamme*, du moins dans le cas présent; vous n'avez qu'à toucher pour-lors l'*Accord* d'une *Tonique*, comme, par exemple, *Mi*, *Sol*, *Dièze* & *Si*, & vous jugerez par *Sol Dièze*, qu'il doit se trouver dans tout le courant du *Ton* les *Dièzes* de *Fa*, de *Ut* & de *Sol :* si, avec cela, je vous avertis qu'il doit s'y en trouver un de plus, donc celui-là de plus sera justement celui qui suit immédiatement *Sol* dans la *Gamme;* donc il y aura dans le *Ton* donné, les *Dièzes* de *Fa*, de *Ut*, de *Sol*, & de *Ré;* ainsi du reste; ainsi des *Bémols*, en y faisant les mêmes observations.

Quand *Fa* est privé du *Dièze*, il est censé *Bémol*; & quand *Si* est privé du *Bémol*, il est censé *Dièze*. Or par la Régle qui vous dit qu'il en faut un de plus, *Fa*, dans l'*Accord* d'une *Tonique*, exigera *Si Bémol* dans le courant du *Ton;* & *Si*, dans l'*Accord* d'une *Tonique*, exigera de son côté *Fa Dièze* dans le courant du *Ton.*

Si l'on se représente toujours le nombre des *Dièzes*, ou des *Bémols*, qui entrent dans le *Ton* dont on fera l'Accord, on n'aura pas acquis la pratique des Régles nécessaires, qu'on sera en état de se rappeller ce nombre, en même tems que le signe du *Ton* paroîtra.

Ce moyen de reconnoître le nombre des *Dièzes* ou des *Bémols* qui entre dans un *Ton*, tout facile qu'il est, peut encore être éclairci davantage par d'autres moyens qui ne peuvent guères être sensibles que de vive voix, parce qu'il faut sçavoir s'y accommoder pour-lors à l'intelligence de ceux à qui on a affaire.

Que d'erreurs on trouve dans la Musique, sur ce nombre des *Dièzes* ou des *Bémols* mal observé à côté de la Clef, où l'on en doit prendre l'intelligence ! Que d'Accords susceptibles de ces signes oubliés, où même la faute n'est réparée par aucun signe particulier ! Dans combien d'erreurs les Commençans ne tombent-ils pas, en conséquence de celles-là ? Et combien ne leur faut-il pas de tems pour y survenir.... car la plûpart n'ont que l'oreille, ou la facilité de lire la Partition pour s'en garantir.

Voyons

Voyons à présent comment se trouve l'*Accord de la Tonique* sur le Clavier.

Moyens de trouver l'Accord de la *Tonique* sur le Clavier.

J'exclus d'abord le *pouce* de tous les Accords ; j'en dirai la raison à la fin de la Dissertation.

Je me sers ici des chiffres 2, 3, 4 & 5, pour indiquer les doigts dont il faut se servir, en appliquant le 5 au petit doigt, & les autres chiffres à proportion.

Nous sçavons déja que l'*Accord de la Tonique* se compose de trois Notes à la *Tierce* l'une de l'autre, dont la plus basse, que j'ai dit être la fondamentale, est en même tems la *Tonique*, l'autre sa *Tierce* & l'autre sa *Quinte*. Cet Accord a trois faces sur le Clavier, & c'est le seul dont je n'ai pu rendre toutes les faces comme presque égales : cependant le moyen dont je me sers pour le faire trouver sous les doigts, & le soin que je prends à le faire rencontrer dans toutes les régles de succession, rendront bientôt ses différentes faces également familieres.

Le premier principe qu'il faille d'abord se représenter, c'est que tout est *Tierce* dans les Accords, après quoi l'on passe aux exceptions suivantes.

Quand vous avez un doigt au-dessous de celui qui touche la *Tonique*, placez-le à la *Quarte* au-dessous, & laissez-en tomber un autre à la *Tierce* de son voisin, de quelque côté qu'il se trouve ; sinon arrangez trois doigts par *Tierces*, quand la *Tonique* est sous le plus bas de tous, c'est-à-dire sous le 2.

Le haut & le bas, le dessus & le dessous, se prennent ici conformément à l'ordre des touches du Clavecin, où le haut est du côté droit, & le bas du côté gauche.

Le 4 doit toujours se trouver au milieu, excepté quand le 5 touche la *Tonique*.

Connoître de quel doigt on touche la *Tonique*, sa *Tierce* & sa *Quinte*, sans porter la vue sur le Clavier.

Dans cet ordre connu, on ne peut méconnoître de quel doigt on touche la *Tonique* ; car elle est toujours sous le doigt qui n'a point de *Tierce* immédiatement au-dessous de lui.

Cette connoissance qui peut s'acquérir au moment même qu'on nous la développe, est d'une nécessité absolue pour trouver tous les Accords possibles à la suite les uns des autres, sans être obligé de porter la vue sur le Clavier.

La *Tonique* ne peut être connue sans que sa *Tierce* & sa *Quinte* ne le soient : la *Tierce* est sous le doigt voisin, au-dessus de celui qui touche la *Tonique*, sinon elle est sous le plus bas des doigts quand le 5 touche la *Tonique* ; & la *Quinte* est la plus haute Note

des *Tierces*, sinon elle est sous le doigt qui se trouve à la *Quarte* au-dessous de celui qui touche la *Tonique*.

Toutes ces petites remarques se familiarisent tellement à force de les faire, que bientôt il semble qu'elles ayent passé dans les doigts; ils n'y sont bientôt plus conduits que comme par instinct, & l'on est tout étonné de les sentir s'arranger & marcher pour-lors comme ils le doivent, sans qu'il semble que la réflexion s'en mêle: le signe apperçu, les doigts s'arrangent & marchent; c'est à quoi se réduit l'opération, quand on a sçu se conduire par les voies qui en facilitent l'accomplissement.

Premiere Régle fondamentale.

Succession des Accords Consonans.

Le passage d'un Accord Consonant à un autre, a pour fondement une marche par *Quintes* ou par *Tierces*; ce qu'indiquent très-précisément les Lettres qui se trouvent pour-lors à la suite les unes des autres: dans *C*, *G*, *D*, par exemple, vous voyez une marche par *Quintes* en montant: dans *G*, *C*, *F*, vous en voyez une par *Quintes* en descendant: dans *C*, *E*, *G*, vous en voyez une autre par *Tierces* en montant; & dans *C*, *A*, *F*, vous en voyez une pareille en descendant: ce que les Notes de la Basse ne vous présenteront jamais que par accident, attendu que la *Tierce* & la *Quinte* de la *Tonique* peuvent également porter l'Accord de cette *Tonique*.

La *Tonique* & sa *Quinte* sont les principaux objets de cette marche, pourvu qu'on se représente bien que les doigts y passent toujours d'une Note ou d'une Touche à sa voisine; Régle qui est générale dans toutes les successions d'Accords.

Si les signes vont par *Quintes* en montant, conservez la *Quinte* de l'Accord qui est sous les doigts, & faites descendre les deux autres; s'il vont, au contraire, par *Quintes* en descendant, conservez la *Tonique* de l'Accord qui est sous les doigts, & faites monter les deux autres.

D'un côté, la *Quinte* conservée devient *Tonique*; & de l'autre, la *Tonique* conservée devient *Quinte*.

Si les signes vont par *Tierces* en montant, faites descendre la seule *Tonique*; & s'ils vont, au contraire, par *Tierces* en descendant, faites monter la seule *Quinte*.

D'un côté la *Tonique* passe à la *Quinte*, & de l'autre la *Quinte* passe à la *Tonique*.

Remarquez bien qu'il y a toûjours ici mouvement contraire entre la succession des Accords, & celle de la Basse fondamentale indiquée par les signes; & concluez de là que mal à propos on a prétendu pouvoir appliquer cette Régle à la marche d'une Basse arbitraire ; puiſque ſi deux Notes, par exemple, y deſcendent de *Quarte*, au lieu d'y monter de *Quinte*, ce qui eſt la même choſe, quant au fond, le mouvement des Accords ne ſera plus contraire à celui de cette Baſſe : ainſi de mille autres cas où cette même Baſſe peut varier ſes routes, pendant que celles des ſignes & des Accords en conſéquence ne varieront jamais.

Cette ſeule obſervation doit nous convaincre du peu de fondement qu'il y a dans les Régles qu'on nous a données juſqu'ici de l'Accompagnement ; puiſque l'une des principales y roule ſur le mouvement contraire entre les Accords & la Baſſe, lorſque cela ne peut être appliqué qu'au fond de l'Harmonie, dont la marche eſt à tout moment contrariée par celle d'une Baſſe arbitraire.

Au reſte, il ne faut s'attacher ici qu'aux marches par *Tierces* ; celles de *Quintes* étant toujours ſuſceptibles d'une diſſonance qui en facilite extrêmement la pratique, en conſéquence des Régles ſuivantes.

Or, qu'y a-t-il de plus facile à obſerver que la Régle preſcrite dans une marche par *Tierces*, dont les ſignes *A*, *C*, ou *C*, *A*, préſentent ſi clairement l'idée ? encore peut-on paſſer légerement ſur cette derniere ſucceſſion, parce qu'elle ſe trouve répétée dans la troiſième Régle fondamentale.

Si le hazard fait naître des *Toniques* ſucceſſives en degrés conjoints, comme *A*, *B*, *C*, ou *C*, *B*, *A* ; faites monter ou deſcendre d'une Touche chaque doigt de chaque Accord, ſelon que les Lettres marchent en montant ou en deſcendant : ce mouvement des Accords n'eſt plus contraire à celui des *Toniques* ; mais il l'eſt, ordinairement à celui de la Baſſe arbitraire, où l'on n'a garde d'employer ainſi les *Toniques* à la ſuite les unes des autres. Si cependant cela ſe rencontroit, ſoit dans des *Toniques* mêmes, ſoit dans leurs *Tierces*, vous n'en ſuivriez pas moins l'ordre dicté par les Lettres ou ſignes ; le mouvement contraire ſeroit fort mal imaginé en ce cas : ce qui peut ſe pratiquer à tête repoſée dans des tournures d'Harmonie qu'on ſe rend familieres à force de les rebattre, & dans de certaines faces des Accords, n'eſt pas toujours du reſſort de l'Impromptu. Ce n'eſt pas ici où le difficile poſſible doit être éxigé ; le plus ſimple, quand il eſt bon, eſt tout ce qu'on y doit ſouhaiter.

On me permettra ces Remarques, parce que je dois juſtifier ce que je propoſe.

Seconde Régle fondamentale.

Sçachant que tous les Accords ſont fondamentalement par *Tier-*

Succeſſion des Accords Diſſonans.

ces, & que les Diſſonans contiennent généralement quatre Notes différentes ; placez quatre doigts, ſans le *pouce*, ſur le Clavier, chacun à une *Tierce* l'un de l'autre ; ou bien, placez-en deux, n'importe leſquels, ſur deux touches contiguës, & les autres chacun à la Tierce de ſon voiſin, vous aurez tous les Accords diſſonans poſſibles : n'y cherchez point à préſent d'exceptions, j'aurai ſoin de vous en avertir, & d'y apporter le remède néceſſaire.

Comme il doit être cenſé que les doigts ſe placent généralement à la *Tierce* les uns des autres, j'appellerai *les deux doigts joints*, ceux qui devront ſe trouver ſur deux Touches contiguës.

Ce moyen de pratiquer l'Accord diſſonant dans toutes ſes faces eſt ſi ſimple, qu'on peut dire que de cette ſorte il n'a qu'une face ; car tous les doigts par *Tierces*, ou deux joints, & les autres par *Tierces*, cela n'y apporte guères de différence ; mais ſa ſucceſſion & la maniere de le trouver après l'*Accord d'une Tonique*, feront encore mieux ſentir ce qui en eſt.

Les doigts deſcendent toujours après un Accord diſſonant, excepté celui qui y touche une Note particuliere qui peut s'y trouver quelquefois ; mais loin que cette exception porte coup à la Régle générale, elle engage, au contraire, à la ſuivre, & fait connoître de plus où l'on en eſt, comme nous le verrons bientôt.

Vos doigts étant arrangés par *Tierces* ſur le Clavier, dès que vous voudrez en faire paſſer un ſur la Touche voiſine de celle qu'il occupera, vous ſentirez, ſuppoſé que vous ayez la main ſouple, comme cela ſe doit, ſans qu'il ſoit néceſſaire de le recommander ici ; vous ſentirez, dis-je, que l'un des extrêmes s'approchera naturellement de ſon voiſin, & cela pour mettre la main plus à ſon aiſe. Or, étant averti qu'il faut faire deſcendre un doigt en pareil cas, le 5, par conſéquent, ira joindre naturellement ſon voiſin. Si je vous donne, de plus, pour * Régle générale, en ce cas, que des deux doigts joints, le plus bas doit deſcendre, vous voilà au fait de la marche de ces doigts, & dans quelle circonſtance, s'il vous plaît ? Juſtement dans celle qui a cauſé juſqu'ici le plus d'embarras, & dont on n'a jamais pû ſurmonter les difficultés, quelque Régle qu'on ait employée pour cela ? En un mot, vous voilà à préſent au fait de *préparer* & de *ſauver* toutes les Diſſonances poſſibles dans la plus grande rigueur. Peut-on avoir laiſſé échapper un principe ſi ſimple ? Qui s'imaginera jamais que c'eſt pour la premiere fois qu'on le met au jour, & qu'en ſa place on avoit ſubſtitué des Régles d'un détail

* Régle générale.

Quand il y a deux doigts joints, le plus bas doit deſcendre.

immenſe, où cependant tout ce qu'elles doivent embraſſer n'eſt pas compris, à beaucoup près ?

Ce que j'applique aux doigts, aux Touches du Clavier, peut également s'appliquer aux Notes, indépendamment de ces doigts & de ces Touches : ainſi je parle par-tout au Compoſiteur, auſſi-bien qu'à l'Accompagnateur. Les routines par leſquelles je conduis dans cette Méthode, ſont tirées de principes lumineux : on peut y remonter quand on le juge à propos, ou quand on en eſt capable ; revenons à notre marche des doigts.

Le doigt qu'il faut faire deſcendre par tout le premier, eſt juſtement celui qui deſcendroit naturellement ſeul de lui-même ; c'eſt le cinq, s'ils ſont tous par *Tierces*, ſinon le plus bas des deux joints, ſelon l'avertiſſement qui a précédé.

Voulez-vous faire deſcendre deux doigts à la fois ? Ce ſera pour-lors le premier donné, & ſon voiſin au-deſſous, & s'il n'a point de voiſin au-deſſous, ce ſera avec lui le plus haut de tous, c'eſt-à-dire le cinq ; car c'eſt par-tout une loi générale, & il faut bien s'en ſouvenir, que le doigt ſpécifié au-deſſous d'un autre qui eſt déterminé, eſt le plus haut de tous, quand il n'y en a point au-deſſous ; de même que le doigt ſpécifié au-deſſus, eſt le plus bas de tous, quand il n'y en a point au-deſſus : cela forme une eſpece de cercle, où le bas eſt lié avec le haut ; de ſorte que ce qui ne ſe trouve pas d'un côté, ſe trouve de l'autre.

Voulez-vous faire deſcendre trois doigts à la fois ? conſervez le fondamental ſur ſa Touche, & faites deſcendre les trois autres.

Si la *Tonique* eſt fondamentale, & ſi on la reconnoît ſous les doigts en ce qu'elle n'a point de *Tierce* immédiatement au-deſſous d'elle ; il en eſt de même ici du plus bas des doigts par *Tierces*, qui n'a point de *Tierce* au-deſſous de lui, & du plus haut des deux joints, qui n'a pas, non plus, de *Tierce*, immédiatement au-deſſous de lui : ainſi le plus bas des doigts par *Tierces*, ou le plus haut des deux joints, eſt toujours fondamental dans le cas préſent.

La Régle générale de la ſucceſſion des Accords diſſonans ſe tire de la *Cadence* appellée *Parfaite*, où deux doigts deſcendent ; d'autant que cette ſucceſſion eſt la plus générale, & que les autres, qui ne ſont qu'accidentelles, ſont bientôt familieres, quand celle-ci l'eſt.

On exerce pour-lors cette ſucceſſion dans huit ou dix *Tons Majeurs* ſeulement ; d'où naît un pareil nombre de *Mineurs*, dont il n'eſt pas encore néceſſaire d'avertir les Commençans.

De la Note sensible.

On avertit seulement ici, que chaque *Ton* a sa *Note sensible*, que cette Note est toujours le *Demi-Ton* au-dessous de la *Tonique*, & qu'elle est par-tout le dernier *Dièze* du *Ton*: d'où, si l'on veut pratiquer par exemple le *Ton* d'*A*, on dit, sa *Note sensible* est *G Dièze*, ou *Sol Dièze*; donc il y a dans ce *Ton* les *Dièzes* de *F*, de *C* & de *G*, c'est-à-dire de *Fa*, d'*Ut* & de *Sol*; ainsi des autres.

A l'égard des *Tons* dont la *Tonique* peut être *Bémol*, cela est différent; il faut s'y représenter pour-lors un *Bémol* de plus que celui de cette *Tonique*, selon la Régle donnée à la page 23.

Ces dernieres Régles ne conviennent qu'aux *Tons Majeurs* dont il est seulement question ici; quoiqu'il y ait un moyen de les appliquer aussi aux *Mineurs*: mais nous en avons déja une générale pour tous les *Tons*, & cela doit nous suffire.

Quand on veut donc pratiquer une succession d'Accords dissonans, on s'assure d'abord du *Ton*, & du nombre des *Dièzes* ou *Bémols* qu'il contient; pour les employer par-tout dans les Accords, au lieu des Touches naturelles en même dénomination; on arrange ensuite quatre doigts tout au haut du Clavier, soit par *Tierces*, soit en joignant deux doigts, puis on les fait descendre alternativement de deux en deux, selon l'ordre qui suit.

Les doigts sont-ils tous par *Tierces*, les deux plus hauts descendent, & pour-lors les deux moyens se trouvent joints; les deux plus bas descendent ensuite, de sorte que dans cette marche, tantôt ils sont par *Tierces*, tantôt les deux moyens sont joints.

L'un des extrêmes est-il joint, l'autre des extrêmes doit l'être à son tour; & pour-lors, ou les deux extrêmes, ou les deux moyens descendent ensemble.

On continue cette succession jusqu'au milieu du Clavier, pour la terminer par l'*Accord de la Tonique*, nécessairement précédé de son *Accord sensible*.

De l'Accord sensible.

Qui connoît la *Note sensible*, connoît bientôt l'*Accord sensible*; puisque dès que cette *Note sensible* se trouve immédiatement au-dessus des deux doigts joints, ou dès qu'elle est touchée du 3, quand tous les doigts sont par *Tierces*, on peut s'assûrer que c'est-là l'*Accord sensible*: ce qu'on est obligé de bien remarquer pendant quelque tems, en s'y souvenant de la Régle, qui dit que ce qui ne se trouve pas d'un côté se trouve de l'autre, page 26.

C'est cette *Note sensible* qui, dans l'*Accord sensible*, dérange quelquefois en son particulier l'ordre de la succession prescrite; mais outre qu'elle ne le dérange que lorsqu'on l'a fait suivre de l'*Ac-*

cord de la Tonique, c'eſt que cela n'arrive ſenſiblement que lorſqu'elle eſt touchée du 5 dans l'*Accord ſenſible*; & pour ne s'y pas tromper, il faut être prévenu qu'elle doit toujours monter ſur la *Tonique*, dès qu'il s'agit de finir ce qui peut aiſément ſe pratiquer quand on a la main ſur le Clavier.

La *Tonique* & la *Note ſenſible* ſe prêtent mutuellement du ſecours; l'une rappelle l'idée de l'autre, pour peu qu'on y faſſe attention.

La Méthode fournit des moyens pour faciliter encore davantage l'intelligence & la pratique de cette ſucceſſion.

Tout ſemble encore obſcur juſqu'ici, mais c'eſt dans la troiſiéme Régle fondamentale, c'eſt dans l'entrelacement des Accords Diſſonans avec les Conſonans, que la lumiere va commencer à ſe développer.

Troiſième Régle fondamentale. De l'entrelacement des Accords Conſonans avec les Diſſonans.

Vous connoiſſez déja l'*Accord d'une Tonique* quelconque, du moins je le ſuppoſe; ſinon, prenez celui de *C Sol Ut* ſur le Clavier, dans cet ordre *Ut*, *Mi*, *Sol*; conſiderez-y ſeulement la *Seconde* d'*Ut*, qui eſt *Ré*, & ſa *Note ſenſible* qui eſt *Si*; bien-tôt vous allez être au fait de tout l'entrelacement dont il s'agit.

Si je vous dis de faire l'Accord de la *Seconde* d'*Ut*, d'abord vous joindrez *Ré* à *Ut*, qui eſt déja ſous un de vos doigts : or ſi vous vous ſouvenez pour-lors que deux doigts étant joints, les deux autres doivent ſe placer à la *Tierce* de leur voiſin, & ſi, en conſéquence des Régles précédentes, vous avez déja l'habitude d'arranger vos doigts par *Tierces*; d'abord avec la *Seconde* d'*Ut*, vous allez former tout l'Accord complet, que j'appelle *Accord de la Seconde*.

Si je vous dis de reprendre l'Accord de la *Tonique Ut*, & de faire enſuite ſon *Accord ſenſible*, vous devez déja connoître cet *Accord ſenſible*, par la Régle qui regarde la ſucceſſion des *Accords Diſſonans*; ſinon vous ſçavez, par ce que je viens de dire, que la *Note ſenſible* d'*Ut* eſt *Si* : or arrangez tous vos doigts par *Tierces* depuis ce *Si*; excepté que s'il s'en trouve deux au-deſſous, ils doivent être joints, ou bien que s'il n'y en a aucun au-deſſous, il faut joindre les deux plus hauts; voilà cet *Accord ſenſible* trouvé.

La *Seconde* d'une *Tonique* eſt toûjours un *Ton* au-deſſus, & ſa *Note ſenſible* eſt toujours un *Demi-Ton* au-deſſous; l'Accord de la *Seconde* & le *Senſible* ſont Diſſonans, on y emploie également quatre doigts, ils ſont en même conſtruction, tout y eſt par *Tierces*, ou deux doigts y ſont joints, & les deux autres par *Tierces*; mais comme ils n'ont pas la même Note pour fondamentale, ils paroissent différens; *Ré* * est fondamental de l'Accord de la *Seconde*, *Ré*, *Fa*, *La*, *Ut*; & *Sol* est fondamental de l'*Accord sensible*, *Sol*, *Si*, *Ré*, *Fa*; changez l'ordre de ces Notes, vous aurez *Ut*, *Ré*, *Fa*, *La*, d'un côté, & *Si*, *Ré*, *Fa*, *Sol*, de l'autre; vous y trouverez, en un mot, quatre ordres différens, mais toujours, ou par *Tierces*, ou deux doigts joints, & le reste par *Tierces*; la plus basse Note des *Tierces*, ou la plus haute des deux jointes, comme *Ut* & *Ré*, y sera toujours la fondamentale: ainsi la différence de ces deux Accords dissonans ne consiste que dans leur Note fondamentale, & nullement dans leur construction.

* Ce fondement n'est pas ici la véritable; mais cela n'importe pour la pratique.

Si, au lieu de donner la connoissance de ces deux Accords dissonans par leur Note fondamentale, je leur fais prendre une dénomination relative à la *Tonique*, c'est parce que cette *Tonique* doit toujours être présente à l'esprit, tant pour sçavoir dans quel *Ton* l'on est, que pour sçavoir quels *Dièzes* ou *Bémols* on doit employer dans le courant des Accords; d'où il vaut bien mieux faire tout rapporter à ce même objet, que d'occuper à tout moment l'esprit d'objets différens. Ainsi la *Tonique* connue, sa *Seconde* & sa *Note sensible* le sont sur le champ; les doigts ont bientôt contracté l'habitude d'en pratiquer les Accords, d'abord après celui de la *Tonique*; d'un côté, la *Seconde* de cette *Tonique* indique sur le champ la construction de l'Accord; de l'autre côté, sa *Note sensible* en fait autant; rien ne doit paroître plus simple, comme l'éprouvent tous ceux qui en font usage.

Je donne à cet entrelacement le nom de *Cadences*, pour les raisons alléguées à la page 22.

Si la maniere de former ces *Cadences* consiste à entrelacer l'Accord d'une *Tonique* avec ceux de sa *Seconde* & de sa *Note sensible*; on ne l'a pas fait cinq ou six fois dans un *Ton*, en y remarquant bien la marche des doigts d'un Accord à l'autre, qu'on est en état de le faire sur le champ dans tous les *Tons*, pourvu qu'on n'y soit point arrêté par les différens *Dièzes* ou *Bémols* qui entrent dans les différens *Tons*: on peut du moins en pratiquer une douzaine de suite, de vingt-quatre qu'il y en a, le reste se familiarisant bientôt après pour peu qu'on l'exerce.

A chaque *Ton* qu'on exerce, il faut non-seulement juger du nombre des *Dièzes* ou des *Bémols* qui y entrent, pour les employer par-tout, & cela selon la Régle donnée page 23; mais il faut de plus reconnoître si le *Ton* est *Majeur* ou *Mineur*: ce que je je n'expliquerai point ici, parce que cela eſt à la portée de tous les Muſiciens.

L'*Accord ſenſible* eſt toujours le même dans le *Ton majeur* & dans le *mineur* d'une même *Tonique*, de ſorte que la différence des *Dièzes* ou des *Bémols* n'y regarde que l'Accord de la *Seconde*.

Ces *Cadences* ont trois faces différentes; mais avez-vous ſous les doigts une des faces de l'Accord d'une *Tonique*, les deux autres Accords y coulent comme de ſource, par la Régle donnée: car ſi vous avez un doigt au-deſſus de celui qui touche la *Tonique*, il eſt toujours prêt à en toucher la *Seconde*, les autres ſe plaçant enſuite chacun à la *Tierce* de ſon voiſin; & ſi vous n'avez point de doigts au-deſſus, tous s'arrangent par *Tierces* depuis celui qui touche la *Tonique*, pour former l'Accord de la *Seconde*: de même que ſi vous avez un doigt au-deſſous de la *Tonique*, il eſt toujours prêt à toucher la *Note ſenſible*; & s'il n'y en a point au-deſſous, le même qui touche la *Tonique* ſe gliſſe pour lors ſur cette *Note ſenſible*, le reſte de l'*Accord ſenſible* ſe formant comme il a été dit.

Une choſe à remarquer ici, c'eſt que la *Tonique* doit toujours reſter ſous le doigt qui la touche, en entrelaçant ſon Accord avec celui de la *Seconde*; & qu'au contraire, la *Quinte* de cette même *Tonique* doit toujours reſter ſous le doigt qui la touche, en entrelaçant ſon Accord avec le *ſenſible*.

Par cette remarque, on voit le rapport des *Cadences* en queſtion avec la ſucceſſion fondamentale par *Quintes*, ſur laquelle eſt établie, en partie, celle des Accords Conſonans, page 26, & dont je n'ai pas éxigé l'exercice, à cauſe de la diſſonance, qui, comme je l'ai dit au même endroit, pouvoit y entrer: ces *Cadences* naiſſent effectivement de la même ſucceſſion fondamentale, & c'eſt aux Compoſiteurs & aux Accompagnateurs à en ſçavoir faire leur profit.

On peut s'appercevoir que ces *Cadences*, & la ſucceſſion des Accords Diſſonans fourniſſent un double emploi à l'Accord de la *Seconde*; c'eſt une affaire de Théorie, dont j'ai déja averti dans mon nouveau Syſtême *, & dont le Muſicien ne peut ſe refuſer la connoiſſance; mais quant à la pratique de l'Accompagnement, l'*Accord* de la *Tonique* eſt ſuffiſant pour faire connoître ce qui en doit être, & pour engager les doigts à obſerver la marche qu'ils doivent tenir, lorſqu'il paroît immédiatement après celui de ſa *Seconde*.

* Chap. 13 & 17.

Voilà tout le fond de l'Harmonie successive ; & par conséquent tout le fond de l'Accompagnement : deux mois au plus doivent vous en fournir la pratique, supposé que vous ayez déja les mains exercées sur le Clavier ; & si, avec cela, vous avez la facilité d'exécuter la Basse sur la Musique, vous devez être bientôt après en état d'accompagner à Livre ouvert.

Moyens de joindre la Basse aux Accords.

Quand on sçait pratiquer ces trois successions fondamentales, on y joint une Basse des plus simples, & l'on a soin de les entrelacer d'une maniere qui réponde à la succession des Accords Consonans.

Par exemple, la succession des Accords dissonans doit avoir pour la plus simple Basse, une succession entrelacée de *Quintes* en descendant, & de *Quartes* en montant ; & celles des *Cadences* doit en avoir une de *Tierce*, toujours en descendant, ou toujours en montant ; ce qui rappelle la premiere Régle fondamentale.

Ces Basses sont, par-tout, fondamentales ; & à l'égard des *Cadences*, la seule *Tonique* doit servir de Basse aux trois Accords qui les forment successivement ; d'où, quand la Basse descend de *Tierce*, la *Quinte* de la *Tonique* que l'on quitte, monte seule sur la *Tonique* où l'on passe ; & quand, au contraire, la Basse monte de *Tierce*, l'*Octave* de la *Tonique* que l'on quitte descend seule sur la *Quinte* de celle où l'on passe *, pouvant ainsi pratiquer les vingt-quatre Tons de suite.

* Ceci regarde la succession fondamentale, par *Tierces* des Accords Consonans, page 25.

Tout l'art qu'il faut observer entre la Basse & les Accords, c'est qu'il faut que cette Basse & le doigt par où commence l'Accord, frappent leurs Notes absolument ensemble ; les autres doigts qui achevent l'Accord, tombant ensuite comme d'eux-mêmes, supposé qu'on ait pris l'habitude, comme on le doit d'abord, d'harpéger tous les Accords, en les faisant commencer par le plus bas des doigts, c'est-à-dire par le 2.

Huit jours au plus donnent, par ce moyen, la facilité de joindre la Basse aux Accords ; & remarquez bien que c'est une erreur de la joindre d'abord à ces Accords ; trop d'objets y occupent pour-lors, & sans parler des réflexions que cela exige, c'est que les mains se gênent, se roidissent infailliblement dans l'exécution ; car dès que l'esprit est tendu, les ressorts de la machine en souffrent ; cela empêche même qu'on puisse y porter son attention, d'où les habitudes nécessaires en sont extrêmement retardées.

Il ne faut pas douter que la facilité d'éxécuter la succession des Accords n'influe beaucoup sur la Basse. N'êtes-vous plus occupé des Accords, vous êtes tout entier à votre Baſſe : mais ſi, ſelon les Régles en uſage, chaque Accord vous demande une attention particuliere, comment y pourrez-vous ſuffire, & à la Baſſe en même tems?

Quoique ces trois ſucceſſions fondamentales renferment tout le fond de l'Accompagnement, auſſi-bien que de l'Harmonie, elles ſouffrent cependant quelques Accords de plus, & quelques modifications, dont il faut être néceſſairement inſtruit.

Des différens Accords Diſſonans qui peuvent ſuccéder au Conſonant.

L'Accord qui ſuit celui de la *Tonique*, eſt toujours arbitraire; ainſi voyons quels autres Accords diſſonans que ceux que nous connoiſſons déja, peuvent lui ſuccéder.

Il faut diſtinguer cette ſucceſſion en deux Claſſes; l'une pour le *Ton* qui exiſte, & l'autre pour changer de *Ton*.

L'Harmonie ſucceſſive ne peut être agréable, s'il ne s'y rencontre quelques liaiſons d'un Accord à un autre : la choſe ne nous plaît qu'autant que nos deſirs y ſont accomplis : nous y deſirons, il eſt vrai, ſans ſçavoir préciſément ce que c'eſt; mais conſultons pour un moment la nature.

Les ſons dont ſe compoſe l'Accord d'une *Tonique* nous affectent les premiers, ils reſtent imprimés en nous; & ſi nous n'entendons plus à leur ſuite ce qui nous les a d'abord rendus agréables, du moins l'un d'eux doit-il être conſervé pour que notre ſatisfaction ne ſoit pas abſolument éteinte. La ſucceſſion fondamentale des Accords conſonans en eſt une preuve; les deux autres ſucceſſions s'y aſſujettiſſent; & pour le démontrer on n'a beſoin que d'un fait d'expérience que je ne rappelle point ici, parce que ce n'en eſt pas le lieu.

Les ſons qui ſe conſervent ainſi d'un Accord à un autre, en font néceſſairement ſentir la liaiſon; par ce moyen, leur ſucceſſion nous devient agréable.

Il ne s'agit donc, pour trouver tous les Accords diſſonans qui peuvent ſuccéder au conſonant, que d'examiner combien il s'en peut former, en y conſervant une des Notes de l'Accord de la *Tonique*.

Il y a trois Notes différentes dans l'Accord de la *Tonique*, cette *Tonique*, ſa *Tierce* & ſa *Quinte*; chacune d'elles peut être jointe par ſa voiſine, au-deſſus ou au-deſſous; voilà donc ſix Accords diſſonans poſſibles après celui de la *Tonique* : mais il y en a à rabattre, ſur-tout quand on ne veut point changer de *Ton*.

Si l'on joint la *Tonique* avec ſa voiſine au-deſſous, cette voiſine en formera pour-lors la *Septiéme*, dont elle sera fondamentale, mais non pas comme *Tonique* : d'où, pour lui conserver le titre de *Tonique*, il faut nécessairement exclure la *Septiéme* de son Accord, excepté que ce ne soit pour faire trouver plus aisément sous les doigts l'Accord dissonant qui vient ensuite ; car il ne s'agit pour-lors que d'ajouter la Note voisine au-dessous de la *Tonique* à l'Accord de cette *Tonique* déja sous les doigts ; & pour cela on a toujours un quatrième doigt tout prêt à tomber sur la touche qui la forme.

Si l'on joint la *Tierce* de la *Tonique* avec sa voisine au-dessous, cela formera une dissonance trop désagréable ; en ce que non-seulement cette dissonance ne sera point liée à l'Accord qui l'aura précédée, mais encore parce qu'il ne s'y trouvera rien de sensible qui puisse l'y faire supporter.

Si la liaison est nécessaire d'un Accord à un autre entre les consonances, elle doit l'être, à plus forte raison, entre les dissonances ; & dans le cas où cela n'arrive pas sans déplaire, ce ne peut être qu'à la faveur d'une *Note sensible* qui annonce pour-lors la *Tonique* & son Accord.

Si nous sommes donc forcés d'exclure la jonction de la *Tonique* & de la *Tierce* avec leurs voisines au-dessous, sur-tout dès qu'on veut conserver le même *Ton*, de six Accords dissonans qui peuvent succéder immédiatement à celui de la *Tonique*, il ne nous en reste plus que quatre.

De ces quatre Accords nous en connoissons déja deux ; l'un où la *Tonique* est jointe par sa voisine au-dessus, c'est l'Accord de sa *Seconde* ; & l'autre où la *Quinte* est jointe par sa voisine au-dessous, c'est l'*Accord sensible* : de sorte qu'il ne nous manque plus que les deux, où la *Quinte* & la *Tierce* seront jointes par leurs voisines au-dessus.

L'Accord dissonant où la *Quinte* est jointe par sa voisine au-dessus, se forme d'une *Sixte* ajoutée à l'Accord de la *Tonique* ; cette *Sixte* devient pour-lors fondamentale de l'Accord ; & pour la trouver sous les doigts, il ne s'agit que de laisser tomber le doigt inutile dans l'Accord de la *Tonique*, auprès de son voisin au-dessous ; excepté que si cet Accord de la *Tonique* est par *Tierce*, le 3 s'y substitue pour-lors au 2, pour porter celui-ci une *Tierce* plus bas ; ou bien encore on y substitue le 3 au 4, & le 4 au 5, pour placer celui-ci sur la Touche voisine au-dessus de celle qu'il occupoit.

Pour ce qui est de l'Accord dissonant, où la *Tierce* est jointe par sa voisine au-dessus, on en use à l'égard de cette *Tierce* avec laquelle la *Quarte* fait *Seconde*, comme à l'égard de la *Tonique* pour trouver l'Accord de sa *Seconde*. Connoissez-vous le doigt qui touche la *Tierce* dans l'Accord de la *Tonique*, placez son voisin au-dessus sur la Touche voisine au-dessus de cette *Tierce*, & arrangez les autres par *Tierces*; ou bien si cette *Tierce* est sous le 5, arrangez tous les doigts par *Tierces* depuis ce 5.

Toutes ces Notes qui viennent joindre ici l'une de celles de l'Accord de la *Tonique*, sont fondamentales, excepté dans l'*Accord sensible*.

Il est tout naturel que la nouvelle Note qui s'insere dans l'Accord de la *Tonique*, ou qui vient simplement y joindre l'une de ses consonances, soit fondamentale, pour qu'elle y amene quelque chose de nouveau; & c'est la raison pour laquelle aucune des voisines au-dessous n'y est reçue, si ce n'est dans l'*Accord sensible*, pour annoncer celui de la *Tonique*.

Il y a, de plus, un Accord hétéroclite amené par la *Suspension*, & appellé Accord de *Quarte*, qui peut suivre celui de la *Tonique*; mais ce n'est que l'Accord de la *Seconde* dont on retranche une partie de l'harmonie: car faites descendre pour-lors sur la *Seconde* de la *Tonique*, le doigt qui en touche la *Tierce*, & conservez le reste de l'Accord de cette *Tonique*, vous aurez l'Accord en question.

Si cet Accord de *Quarte* suit un dissonant, conservez les deux doigts joints, ou les deux extrêmes quand ils sont tous par *Tierces*, & ajoutez-y un troisiéme doigt seulement, à la *Quarte* de son voisin, n'importe de quel côté, sa construction y sera toujours la même.

Je conserve à cet Accord le nom de *Quarte*, selon l'usage, parce qu'à la réserve des deux doigts joints qui peuvent s'y rencontrer, les autres sont toujours éloignés d'une *Quarte*.

Quand le *Ton* change, c'est pour-lors qu'on peut ajouter la *Septiéme* de la *Tonique* à son Accord; mais cette *Septiéme* y est presque toujours le *Ton* au-dessous de cette *Tonique*, & aide le plus généralement à former l'*Accord sensible* du *Ton* où l'on va passer.

Qui plus est, tous les Accords précédens deviennent communs aux deux *Tons* successifs; la *Sixte* ajoutée, ou la *Quarte* jointe à la *Tierce*, peut devenir l'*Accord* de la *Seconde*, & celui-ci peut devenir le *Sensible*, à la différence près de l'un des intervalles qui peut y changer de genre, c'est-à-dire, de *majeur* en *mineur*, ou de *mineur* en *majeur*.

De-là, si l'Accord de *Quarte* tient lieu de celui de la *Seconde* du *Ton* que l'on quitte, il tient lieu, en même tems, de l'*Accord sensible* du *Ton* où l'on passe.

On emploie toujours dans ces différens Accords les Notes affectées au *Ton* qui existe; & si quelques intervalles viennent à y changer de genre, par rapport au *Ton* où l'on passe, c'est l'affaire du signe.

Si l'on peut encore changer de *Ton*, en passant d'une *Tonique* à une autre, ou à un *Accord sensible* qui n'ait rien de commun avec celui de cette premiere *Tonique*, c'est encore l'affaire du signe.

Si la *Cadence parfaite* peut être *rompue*, en y faisant monter la Basse fondamentale de *Seconde*; si elle peut être encore *interrompue* en y faisant descendre la Basse fondamentale de *Tierce*, lorsque par-tout cette Basse devroit naturellement descendre de *Quinte*; si ce qui dérive de cette *Cadence*, comme la succession des Accords dissonans, peut jouir du même privilége, & si de-là naissent des *suspensions* & des changemens du *Ton*; c'est toujours l'affaire du signe; car il ne s'agit que d'y faire descendre un doigt de plus ou de moins; sinon d'y admettre l'Accord d'une autre *Tonique* que celle qu'annonce en ce cas le *sensible*, sans déroger pour cela aux successions légitimes où la Note *sensible* monte toujours sur sa véritable *Tonique*, & où des deux doigts joints, le plus bas descend toujours; sinon le 5, quand ils sont tous par *Tierces*.

Un *Accord sensible* d'une nouvelle construction peut se présenter encore, soit en conservant le même *Ton*, soit pour en changer; mais il suffit pour-lors d'en connoître la *Note sensible*, le signe fait le reste.

Ce que je fais dépendre ici du signe, ne consiste que dans la maniere d'indiquer combien de doigts il faut faire descendre après un Accord dissonant; quelle est la nouvelle *Tonique* ou la nouvelle *Note sensible* dont il faut faire l'Accord; ou bien quelle est la *Note* dont il faut toucher le *Dieze* ou le *Bémol*, & quel est en même tems le doigt qu'il faut y faire passer; ce qui n'amene rien de nouveau dans la Méthode. Connoissez-vous l'Accord dissonant qui doit suivre le consonant, il ne vous reste plus rien à sçavoir que ce que vous sçavez déja; car après cet Accord dissonant, ne peut suivre qu'un consonant, ou un autre dissonant: donc vous rentrez dans les deux dernieres Regles de succession: si, au contraire, un consonant suit l'autre, c'est la premiere Régle de succession.

Principe de

Ce qui rend arbitraire l'Accord dissonant qui doit suivre le consonant, c'est la nécessité d'allonger ou d'abréger la phrase harmonique; nécessité encore plus déterminée dans la Musique vocale que dans l'instrumentale.

La succession arbitraire.

Le même principe qui admet le passage d'un Accord consonant à un autre, admet également celui d'un consonant à un dissonant; parce qu'il y a même fondement de part & d'autre, & par conséquent même succession fondamentale.

La succession fondamentale de *Tierce* en montant, n'est cependant libre que pour changer de *Ton*, encore faut-il que ce soit par un nouvel *Accord sensible*: mais en revanche l'Accord de la *Seconde* introduit dans les *Cadences*, trouvant un fondement réel dans cette *Seconde* même, nous procure une succession fondamentale en montant d'une *Seconde*, pour passer de l'Accord consonant au dissonant.

Voulez-vous ensuite passer d'un Accord dissonant à un autre, le principe de cette succession se restreint pour-lors dans des bornes plus étroites; & dès que vous conservez le même *Ton*, ce principe n'est autre que celui de la *Cadence parfaite*, sur lequel j'ai effectivement établi la plus générale succession des Accords dissonans.

Si le *Ton* n'est sensiblement déterminé que par la *Cadence parfaite*, il est tout naturel que ce principe nous conduise, du moins lorsque nous déguisons le *Ton* par une suite continuelle de dissonances: qui plus est, si ce *Ton* n'a pour tout principe de succession, qu'une marche fondamentale par *Quintes* *, & si nous ne pouvons y faire usage de la *Quinte* en montant, pour *sauver* la dissonance, conformément aux Régles que la nature nous a inspirées de tout tems, il ne nous y reste donc plus que la *Quinte* en descendant, c'est-à-dire, la *Cadence parfaite*: toute autre succession fondamentale, soit de *Seconde* en montant, soit de *Tierce* en descendant, naissant de l'interruption de cette *Cadence parfaite*, ce qu'on apelle *Cadence rompue*, & *Cadence interrompue*; de sorte qu'il s'y agit pour-lors d'un changement de *Ton*, ou du moins d'une *Suspension*.

* Régle des Cadences, pages 31 & 32.

N'ayant nul égard ici au changement de *Ton*, ni à la *Suspension*, nous pouvons juger, tant par ce que nous venons de reconnoître, que par la succession des Accords dissonans, quel est le dissonant qui doit suivre le consonant, pour rendre la phrase harmonique plus ou moins longue, & quels sont ceux dont ce dissonant doit être suivi lui-même jusqu'à la fin de la phrase.

L'Accord de *Tierce-Quarte* est celui par où commencent les plus longues phrases : après lui viennent successivement deux autres Accords dissonans, lesquels, n'étant point compris parmi ceux qui peuvent succéder immédiatement à l'Accord de la *Tonique*, ne méritent pas qu'on y fasse attention ; le principe de leur succession, & la marche des doigts dans la Méthode, où ils descendent toujours de deux en deux, suffisent pour les faire connoître & pratiquer : mais d'abord après ces deux-là, paroissent successivement l'Accord où la *Sixte* est ajoutée, celui de la *Seconde*, & le *Sensible* qui annonce l'Accord de sa *Tonique*.

Voulez-vous abréger la phrase, prenez l'Accord où la *Sixte* est ajoutée, les deux autres que je viens d'énoncer à sa suite le suivront par conséquent.

Voulez-vous abréger davantage cette phrase, prenez l'Accord de la *Seconde*, après lequel viendra le *Sensible.*

Voulez-vous encore l'abréger davantage, prenez d'abord *l'Accord sensible.*

De-là vous concluez que l'Accord où la *Sixte* est ajoutée doit précéder celui de la *Seconde*, & celui-ci le *Sensible ;* dès qu'aucun des deux derniers ne peut être précédé immédiatement de celui de la *Tonique.*

La phrase peut être également abrégée avec l'Accord de a *Seconde*, & avec le *Sensible*, selon l'ordre des *Cadences :* ce qui dépend de la *Cadence* qu'on y veut employer.

Toutes ces phrases peuvent être allongées par la *Suspension* de la *Quarte*, entre l'Accord de la *Seconde* & le *Sensible*, & entre ce dernier & celui de la *Tonique ;* mais on ne fait qu'augmenter pour-lors la durée de ces deux Accords dissonans de la *Seconde* & du *Sensible*, puisqu'on y conserve les mêmes dissonances & le même fondement, comme on en doit juger sur ce que j'en ai dit à la page 37.

Une autre *Suspension* que celle de la *Quarte* peut se trouver entre l'*Accord sensible* & celui de la *Tonique :* mais cela n'est rien dans la pratique : un seul doigt à descendre, au lieu de deux, en fait tout le mystère.

S'il y a de la différence entre ces deux sortes de *Suspensions*, remarquez qu'elle ne consiste que dans le choix de l'un des deux doigts qui doivent descendre d'un Accord Dissonant à un autre, ou à un Consonant, pour le faire descendre seul. Prenons, par exemple, l'*Accord sensible*, *Sol*, *Si*, *Ré*, *Fa*, dont *Ré* & *Fa* doivent

vent descendre pour former l'Accord Dissonant qui lui succédera, ainsi que pour former l'ordre de la *Tonique Ut*. Si vous ne faites descendre que *Ré*, vous formerez pour-lors l'Accord de *Quarte*, en y conservant les deux doigts extrêmes, sur *Sol*, & sur *Fa* : & si vous ne faites descendre que *Fa*, vous formerez pour-lors l'autre *Suspension*, où descendra effectivement le doigt sensiblement connu, pour devoir descendre le premier.

Il n'y a dans tout cela qu'un jeu de doigts, un badinage, dont il suffit d'être averti, pour ne pouvoir s'y tromper, sur tout quand on a un Signe propre pour en rappeller l'idée.

Il peut se trouver par tout, même après chaque Accord de la plus longue phrase, des *Suspensions* pareilles aux précédentes : mais le *Ton* change pour-lors autant de fois, sans qu'il en résulte rien de nouveau pour la pratique.

Dans ces mêmes phrases peuvent se trouver des imitations de la *Cadence rompue*, où pour lors il y a trois doigts à descendre ; la véritable *Cadence rompue* n'ayant jamais lieu qu'après l'*Accord sensible*, qui est pour-lors suivi de l'Accord d'une autre *Tonique* que la sienne ; sans déroger, pour cela, aux successions légitimes, comme je l'ai déja dit.

On prend quelquefois la licence de ne point rendre *sensible* l'Accord dissonant qui précéde le consonant, & cela dans la succession fondamentale d'une *Cadence rompue* : mais la pratique en est la même ; le Signe dispense d'y faire attention,

L'arbitraire qui regne ici entre les Accords dissonans qui peuvent succéder au consonant, a donc pour principe, comme on n'en doit pas douter, le plus ou le moins d'étendue qu'on veut donner à une phrase harmonique ; ce qui n'est pas toûjours observé bien régulierement, sur-tout relativement au sens des paroles dans la Musique vocale ; quoique ce soit, cependant, un moyen d'augmenter la force de l'expression.

L'Accord dissonant qui doit suivre le consonant étant décidé, vous sçavez d'abord par la marche des doigts de deux en deux, de quel autre Accord il doit être suivi ; & si cette marche vient à être interrompue, vous le connoissez sur le champ par un Signe qui ne peut vous le laisser échapper ; d'où vous êtes en état de rapporter le tout à son principe, quand vous le jugez à propos.

On pourroit m'objecter ici un cas qui dépend de la *Cadence irréguliere*, c'est à dire, d'une succession fondamentale en montant de *Quinte*; où pour lors on passe de l'Accord de la *Sixte* ajoûtée, au *Sensible*, sans admettre, entre deux, celui de la *Seconde*; mais outre que c'est une licence, cela n'est de nulle conséquence dans la Méthode.

En attendant que je puisse justifier toutes ces vérités, par une démonstration évidente, les Ouvrages de Musique composés & à composer, m'en seront garants; je dis à composer, parce que la nature est une, & qu'elle guidera toûjours le Musicien comme elle l'a guidé jusqu'ici, quant au fond de l'harmonie: pour preuve de cela, ne vous attachez qu'à satisfaire votre oreille dans vos productions, sans vous y occuper d'aucune régle; vous les trouverez infailliblement dans l'ordre des successions proposées, pourvû que vous soyez capable d'en juger vous-même: car les plus grands talens pour un art, n'en supposent pas toûjours la connoissance; au contraire, ils nous éloignent le plus souvent des recherches nécessaires pour arriver à cette connoissance: nous croyons sçavoir, parce que nous sentons, & nous nous en tenons volontiers à ce seul sentiment: mais en ce cas, rapportez-vous-en à ceux dont les lumieres ne vous seront point suspectes.

Toute bonne Musique, toute Musique qui plaît, est nécessairement dans l'ordre de ces successions: mais l'oreille a beau nous y conduire heureusement; sans une profonde connoissance, nous ne sommes point à l'abri de nous tromper dans nos jugemens sur les routes qu'elle nous y a dictées: ici nous confondons la *Supposition* & la *Suspension* avec l'harmonie fondamentale; là nous prenons une Note de goût pour une Note d'Harmonie, ou bien nous prenons celle-ci pour une Note de goût; ici nous *rompons* ou *interrompons* une *Cadence* qui devroit être *parfaite*, ou bien nous la rendons *parfaite*, lorsqu'elle devroit être *rompue*, ou *interrompue*; ce qui doit s'entendre également dans l'imitation de ces *Cadences*; là nous attribuons à un *Mode*, ou *Ton*, ce qui appartient à un autre: ici nous ne nous embarrassons nullement de la succession naturelle des consonances, pas même quelquefois, de celle des dissonances; là nous faisons syncoper l'harmonie, contre l'ordre même de ces routes que l'oreille nous a dictées; enfin rien n'est plus commun, parmi nous, que ces sortes d'erreurs; nous en avons la preuve en main, cela ne se peut cacher, nos Chiffres en font foi: voyez, par exemple, ce qui regarde Corelli sur ce sujet, dans le XXIIIe. Chapitre de mon nouveau Systême; encore n'y ai-je pas poussé mes Observations, à beaucoup près, aussi loin qu'on le pourroit. Or, pourquoi le chiffre ne répond-il point ici à la perfection de la Musique? c'est que l'un est l'ouvrage du jugement, au lieu que l'autre peut n'être que l'ouvrage de l'oreille : & comment se pourroit il, en effet, qu'on eût agi des deux côtés par les mêmes ressorts, puisque l'un dément les perfections de l'autre?

Parlons maintenant des Signes, en observant à combien d'Accords se réduit la nouvelle Méthode,

Il n'y a que sept Accords.

Nous avons pour tout Accord, celui de la *Tonique*, celui de sa *Seconde*, son *sensible*, celui de sa *Septiéme*, celui de sa *Sixte* ajoûtée, celui de sa *Tierce-Quarte*, & celui de la *Quarte*; les autres ne sont nullement à considérer, parce que la Méchanique des doigts annoncée les fournit, sans qu'on soit obligé d'y penser : donc de vingt-cinq, reste à sept; & de ces vingt-cinq, dont chacun doit se rapporter à différentes Notes du *Ton*, en voici sept, dont chacun ne doit se rapporter qu'à la seule *Tonique*; si vous sçavez sous quel doigt est cette *Tonique*, ou sa *Tierce*, aucun de ces sept Accords ne peut vous échapper, en apperçevant son Signe.

Signes des Accords.

L'Accord de la Seconde sera marqué d'un	2.
L'Accord Sensible d'un	*x*.
L'Accord de la Septiéme, d'un	7.
L'Accord de la Sixte ajoûtée, d'un	*aj*.
L'Accord de la Tierce-Quarte, d'un	$\frac{3}{4}$
L'Accord de la Quarte, d'un	4.

Chacun de ces Accords se rapportera directement à la *Tonique*, dont le Signe précedera toûjours le leur.

2. signifiera *la Seconde* de la *Tonique*; d'où l'Accord de la *Seconde* sera connu.

x. signifiera la *Note sensible* de la *Tonique*; d'où l'*Accord sensible* sera connu.

7. signifiera la *Septiéme* de la *Tonique*; qu'il suffira d'ajoûter à l'Accord de cette *Tonique*.

Explication sur la *Sixte* ajoutée.

aj. signifiera la *Sixte* de la *Tonique* ajoûtée à son Accord : mais j'entens que pour-lors on perde l'idée de *Sixte*, & que l'on conserve seulement celle de l'*Ajoûté*, que doivent nécessairement rappeller les deux premieres lettres *aj* de ce mot : ayant déja expliqué page 36, de quelle maniere cette *Sixte* s'ajoûte à l'Accord de la *Tonique*.

⁴₃. signifieront la *Tierce* & la *Quarte* de la *Tonique* ; de sorte qu'ayant déja la *Tierce* sous un doigt, & sçachant quel est ce doigt qui la touche, le reste de l'Accord est trouvé, selon ce que j'en ai déja dit.

4. signifie la seule *Seconde* de la *Tonique*, où il s'agit seulement de glisser le doigt qui est sur la *Tierce* de cette *Tonique*.

Si le chiffre 4 ne présente pas l'idée de *Seconde*, il rappelle du moins celle de la disposition des doigts dans l'Accord de *Quarte*, selon ce que j'en ai touché à la page 37.

Prenez l'Accord de telle *Tonique* qu'il vous plaira, choisissez parmi ces derniers, celui que vous voudrez lui faire succéder, supposé que vous ayez fait quelque attention à la maniere dont j'ai dit que chacun de ces Accords se trouve sous les doigts après celui de la *Tonique* ; vous serez peut-être surpris de la facilité avec laquelle vous l'éxécuterez : je dis que vous serez surpris, attendu ce qu'il en a coûté jusqu'ici pour cela ; car rien n'est plus simple dans le fond : vous pourrez voir ensuite qu'un Accord ainsi trouvé vous tiendra lieu le plus souvent de cinq, & même de sept, selon l'exemple de la page 12 ; supposé que vous connoissiez les différentes Notes de Basse qui peuvent le porter, & qui ont occasionné assez mal-à-propos les distinctions qu'on en a faites.

On rappelle ici la Regle qui regarde le passage d'un Accord dissonant à un consonant.

Si, après l'Accord dissonant ainsi trouvé, vient un consonant, la Lettre préposée à cet effet l'indiquera : mais ce ne pourra jamais être pour-lors qu'après l'Accord de la *Seconde*, le *Sensible*, ou celui de la *Quarte*, attendu que ce dernier tient toûjours lieu de l'un des deux précédens, comme je l'ai déja dit ; ne le répétant ici que pour prouver que je ne m'écarte pas de ma premiere Régle donnée dans les *Cadences*, page 22, sçavoir que l'Accord consonant ne pouvoit jamais être précedé d'aucun autre dissonant que du *Sensible*, ou de celui de la *Seconde* ; même dans la *Cadence rompue*, où toute la différence qu'il y a, consiste à voir paroître à la suite d'un *Accord sensible*, un autre consonant que celui qu'éxige naturellement cet *Accord sensible*.

Continuation des Signes.

Si, après l'Accord dissonant, il en vient un autre, ce n'est plus que l'affaire des doigts, où pour-lors on les fait descendre alternativement : or comme par la Régle fondamentale de la succession des Accords dissonans, on sçait quels doigts il faut faire descendre les premiers, des points suffisent pour marquer cette succession : un point marquera un doigt à descendre, deux points, l'un sur l'autre, ainsi :, marqueront deux doigts à descendre, & trois points l'un sur l'autre, ainsi ⁝ , marqueront trois doigts à descendre ; avec cette réserve, que le plus haut des points, de même que le point seul, indiquera toûjours le premier doigt qu'il faut faire descendre ; sçavoir, le plus bas des deux joints, sinon le 5 quand ils sont tous par *Tierce*.

Sçachant quels *Diézes* ou *Bémols* entrent dans le *Ton*, dont le Signe aura paru, & à l'occasion duquel on aura fait l'Accord de la *Tonique*, on ne manquera pas de les employer dans le courant des Accords, depuis ce Signe du *Ton*, jusqu'à celui qui viendra ensuite ; mais si dans ce courant d'Accords, vient un nouveau *Diéze*, ou *Bémol*, on le trouvera pour-lors à la place d'un point, soit seul, soit au-dessus, soit au-dessous d'un point.

Le nouveau *Diéze*, ou *Bémol*, occupera presque toûjours la place du plus haut des points, d'où le doigt indiqué, par ce moyen, pour y descendre, sera sensiblement connu ; le plus bas des deux joints, ou le 5, s'ils sont tous par *Tierces*.

Le Signe de la *Note sensible* est, en ce cas, le même que celui du *Diéze* ; & l'un & l'autre Signe vous dit qu'il faut toûjours faire descendre le doigt connu d'un *demi-Ton*, c'est-à-dire, sur la touche la plus voisine au-dessous de celle qu'il occupe.

Le *Bémol* avertit, au contraire, qu'il faut toûjours faire descendre le doigt connu sur une *Touche-Bémole* ; car si la touche devoit être pour-lors naturelle, on trouveroit un *Béquare*, au lieu du *Bémol*, & même au lieu du *Diéze* : ayant soin de n'employer jamais ces Signes que relativement aux touches, comme cela convient d'ailleurs au rapport des *Tons* successifs ; observation très-nécessaire pour la facilité de l'Accompagnement, & même pour l'intelligence de la Musique dans l'éxécution, dont cependant on n'a fait nul cas jusqu'ici : on ne voit que piéges tendus dans ces sortes d'occasions.

Si le *Diéze*, ou le *Bémol* occupe la place du plus bas des deux points, ce qui est très-rare, cela regarde pour-lors le plus bas des deux doigts qu'il faut faire descendre ensemble : mais en ce cas le nouveau *Diéze* ou *Bémol* est toûjours celui qui vient immédiatement à la suite du dernier qu'a éxigé le *Ton* jusques-là : moyen par lequel on ne peut jamais se tromper, quand on sçait parfaitement la Gamme des *Diéze* & des *Bémols*.

Quand la succession des Accords dissonans est une fois familiere aux doigts, on peut se mettre à l'épreuve, dans l'espace de deux ou trois jours, de trouver sur le champ tout nouveau *Dié-*

ze ou *Bémol*, indiqué par son Signe à la place d'un point.

Si la *Tonique* est une Note *Diézée* ou *Bémolizée*, on joint pour-lors le Signe du *Diéze*, ou du *Bémol* à la Lettre qui l'indique.

Si cette *Tonique* doit porter une *Tierce majeure* ou *mineure* accidentelle, on trouve pour-lors un *Diéze*, ou un *Bémol* au-dessus de la Lettre qui l'indique; ce *Diéze* ou ce *Bémol* tenant toûjours lieu du plus haut des points, après un Accord dissonant.

S'il vient un *Accord sensible* accidentel, il sera marqué de la même Lettre qui indique la *Tonique* : avec cette différence que le Signe de l'*Accord sensible* y sera joint; d'où connoissant que telle Note est pour lors la *Sensible*, tout le reste de l'Accord sera trouvé par la Régle donnée sur ce sujet à la page 30.

Si l'Accord de la *Seconde* doit former le *Sensible*, on voit pour lors $\frac{x}{2}$, d'où l'on conçoit deux choses; premierement, que le 2 se rapporte à la *Tonique* d'auparavant, & que l'*x* se rapporte à celle qui vient ensuite; secondement que la *Tierce* au-dessus des deux doigts joints, doit être *majeure*.

Si l'*Accord sensible* doit former celui de la *Seconde*, on voit pour-lors $\frac{2}{x}$ avec un *Bémol*, ou un *Béquare* joint à l'*x*; pour vous dire d'arranger vos doigts de même que dans l'*Accord sensible* du *Ton* dont le Signe a précédé, en y substituant seulement à la *Touche* qui forme la *Note sensible*, son *Bémol* ou son *Béquare*, & qu'en ce cas vous faites l'Accord de la *Seconde* du *Ton* qui vient ensuite.

Si l'*Ajoûté* devient *Seconde*, il n'y a jamais de changement, si ce n'est que dans les *Tons-Mineurs* cet *Ajoûté* doit être sur un *Béquare*, ou sur un *Diéze*; en quel cas on joint ce Signe à celui de l'*Ajoûté*, qui vous dit pour-lors ajoûtez *Béquare* au *Diéze*.

Si l'Accord de *Tierce-Quarte* devient celui de la *Seconde*, on voit pour-lors un *Béquare*, ou un *Diéze* joint au chiffre 4, pour avertir que la Touche voisine au-dessus de la *Tierce* doit être *Béquare*, ou *Diéze*.

Si ce dernier Accord devient l'*Ajoûté*, rien n'y change; c'est pourquoi je n'en ai pas d'abord fait mention.

L'Accord de *Quarte* est toûjours le même, quoiqu'il arrive, parce que les Notes voisines, qu'on y conserve seules, appartiennent également à l'Accord de la *Seconde* du *Ton* qui a précédé, & à l'*Accord sensible* du *Ton* qui vient ensuite.

Réflexion sur la Quarte imaginaire dissonante.

Ce n'est que pour tenir l'Auditeur en suspens qu'on s'est avisé de dépouiller ainsi l'harmonie de l'Accord de la *Seconde* & du *Sensible*, pour en former, en apparence, un nouvel Accord qui y tienne le milieu : mais comme le seul sentiment y a conduit le Musicien, il a pris ce dépouillement d'harmonie pour une nouvelle harmonie dans le fond ; & sans examiner d'où naît en nous l'impression de la consonance & de la dissonance, sans avoir égard seulement à l'effet qu'il éprouve de la *Quarte*, de la *Seconde* ou de la *Septiéme*, chacune en particulier, il a taxé ici la *Quarte* de dissonance, pendant que l'effet de la dissonance que nous y éprouvons vient directement de la *Seconde*, ou de la *Septiéme*, & nullement de la *Quarte*. J'espere démontrer ce fait dans un Ouvrage de Théorie, que je donnerai bien-tôt.

S'il vient un *Accord sensible* de nouvelle construction, comme je l'ai déja annoncé, un *Bémol* placé au-dessous de son Signe en procurera la pratique sur le champ ; ce *Bémol* signifiant que la *Tierce* au-dessous de la *Note-sensible* doit être *Mineure*, & qu'en un mot, de quelque doigt qu'on touche la *Note-sensible* indiquée par son Signe, il n'y a qu'à les arranger tous par *Tierces-Mineures*, relativement à cette *Note-sensible* déja sous un doigt.

Qui dit *Tierces-Mineures*, dit les plus petites *Tierces* possibles sur le Clavier ; & si l'une des *Tierces* y forme pour-lors *Seconde superflue*, cette distinction est inutile dans la pratique.

L'usage a toûjours fait distinguer ce dernier Accord en cinq, sçavoir, en Accords de *Septiéme diminuée*, de *Seconde superflue*, de *Sixte-Majeure* avec la *fausse Quinte*, de *Triton* avec la *Tierce-Mineure*, & de *Septiéme superflue* avec la *Sixte Mineure* ; on a même oublié d'y comprendre encore la *Quinte superflue* avec la *Quarte* ; nul n'en a parlé, nul ne l'a mis en pratique : or il y a si peu de différence entre ce nouvel *Accord sensible*, & celui de l'exemple inséré dans la p. 12, qu'on peut les regarder quasi comme un même Accord ; une *Tierce-Majeure* rendue *Mineure*, ou *Seconde superflue*, en fait toute la différence ; un seul *Bémol* vous met au fait de cette différence dans la pratique : donc je puis dire encore que d'un seul Accord on en a fait douze, ou bien, que de ces douze Accords, auxquels j'en ajoûte un de plus, sçavoir, la *Quinte superflue* avec la *Quarte*, je n'en fais qu'un.

Il n'y a point d'accidens prévus, & non prévus dans les Accords, qui ne puissent être indiqués ainsi ; c'est-à-dire, par un *Dièze* ou un *Bémol* mis au-dessus, ou au-dessous d'un Signe, pour marquer la *Tierce-Majeure* ou *Mineure* de la Note connue par ce Signe.

Dans le *Chromatique*, & dans l'*Enharmonique* une petite ligne tirée en descendant, ou en montant, depuis le Signe d'une Note connue, pour marquer qu'elle doit descendre, ou monter d'un *demi Ton*, détruit tout l'embarras que produisent ces genres d'harmonie dans l'éxécution.

J'ai tout dit, de peur que quelque habile Musicien ne croie rencontrer en son chemin quelque chose d'impossible à ma Méthode : sinon j'aurois pû me passer d'en développer plusieurs particularités qu'on pourra prendre pour autant de difficultés, sans prévoir combien la pratique d'une Régle influe sur l'autre : autre chose est de suivre de l'esprit une Méthode, autre chose est de la suivre en la pratiquant : la Mémoire & les doigts font ici, ce que l'on ne peut que supposer de l'autre part ; mais ordinairement dans cette supposition, on doute, & dans ce doute se confirment volontiers les opinions plus ou moins favorables sur la chose.

Mais rapprochons tout ce Plan : dénuons-le des Réfléxions qui le désunissent, & faisons-en une Récapitulation, pour voir de plus près ce que peut valoir la Méthode en elle-même.

RECAPITULATION.

Récapitulation du Plan de la Méthode.

Il n'y a que deux Accords, le consonant & le dissonant ; ils sont également divisés par *Tierces* ; excepté que dans l'un, la *Tonique* a toûjours une *Quarte* au-dessous d'elle, & que dans l'autre, il peut se trouver deux Notes, ou deux doigts joints : le premier ne contient que trois Notes, & le dernier en contient quatre.

La plus basse Note des *Tierces*, ou celle qui n'a point de *Tierce* immédiatement au-dessous d'elle, est toûjours la fondamentale.

L'Accord consonant n'est autre que celui de la *Tonique* : *Tonique* qui est la fondamentale de cet Accord, & par laquelle le *Ton* est connu.

Une seule Lettre, dont la signification est connue dans la Gamme, indique le *Ton*, la *Tonique*, & son *Accord* ; d'où se tire la connoissance des *Diézes*, ou des *Bémols*, qui doivent entrer dans le courant des Accords, d'une *Tonique* à l'autre.

Il n'y a que trois successions fondamentales ; celle des Accords consonans entr'eux, celle des dissonans entr'eux, & celle de leur entrelacement.

Tout se rapporte à la seule *Tonique* ; ce qui nous dispense d'avoir aucun égard à la Basse, dans la succession des Accords.

Les

Les doigts passent toûjours d'une Touche à sa voisine.

La succession des Accords consonans n'a besoin d'être exercée que dans une marche fondamentale par *Tierces*, distinctement indiquée par les Lettres successives, comme *C A*, ou *A C*; & toute la marche des doigts y consiste à faire monter la *Quinte*, les Lettres marquant une succession en descendant, comme *C A*; ou à faire descendre l'*Octave*, quand ces Lettres marquent une succession en montant, comme *A C*, mouvement contraire de toute part.

On peut passer légerement sur cette premiere Régle fondamentale, parce qu'elle se confond dans la troisième.

Dans la succession des Accords dissonans, les doigts observent un ordre méchanique, où celui qui doit marcher le premier est sensiblement connu; le 3 s'y approche de son voisin, comme de lui-même, quand tout est par *Tierces*; & de deux doigts joints le plus bas descend bien-tôt aussi comme de lui-même, après quelques jours d'exercice.

Faut-il faire descendre deux doigts, ils sont également connus; ils marchent pour-lors alternativement de deux en deux: huit jours d'exercice rendent cette marche familiere.

Faut-il faire descendre trois doigts, conservez le fondamental sur sa touche, & glissez les trois autres; cela s'apprend sur le champ.

Remarquez ici que les doigts s'attirent ou se chassent, & qu'ils courent toûjours les uns après les autres en descendant, pour exécuter ce qu'il y a eu de plus compliqué jusqu'à présent dans la Musique, & sur-tout dans l'Accompagnement.

Des points l'un sur l'autre indiquent le nombre des doigts à descendre; & le point seul, ou le plus haut des points est toûjours pour le doigt qu'il faut faire descendre le premier.

Un *Dieze* ou un *Bémol* mis à la place de l'un des points, indique le doigt qu'il faut faire descendre sur une Touche *Dièze*, ou *Bemol*, le Signe de la *Note sensible* tient pour-lors lieu du *Dièze*; & ainsi que ce *Dièze*, il signifie qu'il ne faut faire descendre que d'un *demi Ton* le doigt qu'il indique; de sorte que quelqu'inconnu que puisse être pour-lors un *Dièze*, ou un *Bémol*, on le trouve d'abord sous les doigts: ce que j'ose dire être heureux.

Dans l'entrelacement des Accords Consonans avec les Dissonans, il ne s'agit que de deux *Cadences fondamentales* où la *Tonique* fait connoître sa *Seconde*, & sa *Note sensible*, sur lesquelles se décident les Accords Dissonans qui s'y entrelacent avec le Consonant.

Quand on est en état de joindre la Basse à cet entrelacement, la succession fondamentale des Accords Consonans y est pour-lors rappellée, selon ce qui paroît à la page 34.

Si la succession est allongée, c'est-à-dire, si l'Accord de la *Tonique* ne succéde pas immédiatement au premier dissonant, il peut paroître pour-lors un autre dissonant que l'un des deux précédens; mais il se rapporte toûjours à la *Tonique* déja connue & pratiquée.

De même que l'Accord de la *Seconde* & le *Sensible* ont leurs Signes particuliers relatifs à la *Tonique* connue, de même aussi les autres Accords Dissonans auront leur Signes également relatifs à cette *Tonique*: de sorte qu'avec ces Signes, & avec la maniere de trouver sous les doigts les Accords qu'ils indiquent, où tout est par *Tierces*, sinon deux doigts joints, & les autres par *Tierces*, on est bien-tôt en état de pratiquer quelque Accord que ce soit.

Un **2** pour la *Seconde*, & pour son Accord.

Un *x* pour la *Note sensible*, & pour son Accord.

Un 7 pour la *Septième*, & pour son Accord; où il ne s'agit que d'ajoûter cette *Septième* immédiatement au-dessous de la *Tonique*, dont l'Accord est déja sous les doigts.

Un *aj* pour marquer la *Sixte ajoûtée*, où, sans penser à cette *Sixte*, il ne s'agit que d'ajoûter un doigt à l'Accord consonant, en laissant tomber ce doigt auprès de son voisin au-dessous; excepté que si cet Accord consonant, c'est-à-dire, de la *Tonique*, est par *Tierces*, on y substitue pour-lors le 3 au 2 pour porter celui-ci une *Tierce* au-dessous; ou bien encore on y substitue le 3 au 4, & le 4 au 5, pour placer celui-ci immédiatement au-dessus de la Touche qu'il occupoit: ces deux derniers moyens d'ajoûter étant arbitraires, excepté lorsqu'il s'agit de rapprocher ou d'éloigner la main droite de la gauche.

Un $\frac{4}{3}$ pour l'Accord de *Tierce-Quarte*, où connoissant le doigt qui touche la *Tierce* dans l'Accord de la *Tonique*, il ne s'agit plus que d'en approcher son voisin au-dessus, & s'il n'a point de voisin au-dessus, tout est pour-lors par *Tierces*, depuis cette *Tierce* même.

Même arrangement dans tous ces Accords; quatre doigts par *Tierces*, sinon deux joints, & les deux autres par *Tierces*: de sorte que connoissant le rapport de l'intervalle indiqué par son Signe avec la *Tonique*, dont on a déja l'Accord sous les doigts, & dont le Signe précéde immédiatement celui de cet intervalle, tout est connu sur le champ, ou plutôt tout est pratiqué sur le champ; car les doigts y préviennent bientôt la réfléxion.

Reste l'Accord de *Quarte*, où il ne s'agit que de faire descendre le doigt qui est sur la *Tierce* de la *Tonique*: & si le 4 dont se chiffre cet Accord ne présente pas l'idée de la *Seconde* qui se forme pour-lors en faisant ainsi descendre la *Tierce*, il présente du moins celle de l'ordre où se trouvent les doigts dans l'Accord; excepté les deux qui peuvent y être joints.

Si cet Accord vient après un dissonant, conservez les deux doigts joints, ou les deux extrêmes quand ils sont tous par *Tierces*, & ajoûtez-y un troisième doigt à la *Quarte* de son voisin, n'importe de quel côté.

Si l'*Accord sensible* suit cet Accord de *Quarte*, on y a déja le doigt marqué pour descendre sur la *Note sensible*, & il ne s'agit plus que d'y ajoûter un quatrième doigt dans l'ordre où l'on sçait que cet *Accord sensible* doit se trouver: ce qui n'a besoin que de l'examen d'un moment; voyez comment cet *Accord sensible* auroit succédé à celui qui a précédé la *Quarte*; il se formera pour-lors absolument de la même maniere.

Cet Accord de *Quarte* devient bien-tôt le plus familier de tous, pour peu d'attention qu'on y donne.

Un *Dièze* ou un *Bémol* joint au Signe, signifie que la Note ou Touche indiquée par ce Signe est *Dièze* ou *Bémol*, ce qui est selon l'usage.

Un *Dièze* ou un *Bémol* mis au-dessus du Signe, marque la *Tierce Majeure* ou *Mineure* de ce Signe; ce qui est encore selon l'usage.

Ce qui indique ainsi la *Tierce* regarde le doigt qui se trouve immédiatement au-dessus de celui qui touche la Note connue par le Signe: de sorte que ce doigt se porte pour-lors comme de lui-même sur une Touche *Dièze* ou *Bémol*, selon le cas, sans que la différence du *Dièze* ou *Bémol* puisse l'arrêter; parce qu'il ne s'agit jamais là que d'une petite Touche blanche, où l'on ne peut prendre ni la *Seconde* ni la *Quarte*, pour la *Tierce*; ayant soin de ne me servir des Signes du *Dièze* ou du *Bémol*, que pour ces petites Touches blanches, & substituant toûjours le Signe du *Béquare* à ceux-là, lorsque la *Tierce* doit être formée d'une grande

Touche noire, dite autrement, naturelle; excepté qu'il ne s'y agisse d'un double *Dieze*.

Le Signe du *Bemol* mis au-dessous de l'*x*, avertit que l'*Accord sensible* est pour-lors tout composé des plus petites *Tierces* possibles; c'est-à dire, de *Tierces-Mineures*, dont la disposition se détermine sur la *Note sensible* connue, & censée sous un doigt.

Une petite ligne tirée de haut en bas, ou de bas en haut, depuis l'intervalle indiqué par son Signe, marque qu'il faut faire descendre ou monter cet intervalle seul d'un *demi Ton*, c'est-à-dire, sur la Touche la plus voisine au-dessous, ou au-dessus : moyen de faire observer machinalement ce qu'il y a de plus compliqué dans les genres *Chromatiques & Enharmoniques*.

Dès qu'on possede parfaitement la pratique des trois successions fondamentales, le reste n'est presque plus rien : & tel qui voudra se donner la peine de les étudier dans les *Tons Majeurs* de *C*, de *G*, & de *F*, & dans les *Mineurs* de *A*, de *E*, de *D*, qui répondent aux trois premiers, se trouvera en état d'accompagner tout Ouvrage de Musique, dont le *Ton* principal sera le *Majeur* d'*Ut*, ou le *Mineur* de *La*, pourvu qu'il se mette encore auparavant au fait de leurs accessoires, qui sont le corps de la Méthode; ayant inséré à la fin de cette Dissertation, pour servir d'exemple, le premier Adagio de la troisième Sonate du cinquième Œuvre de Corelli, où au lieu de Basse, on trouve au-dessous de mes Signes les chiffres 1, 2, 3, 4, suivis d'une barre, pour y faire distinguer les *Mesures*, & chaque *Temps* de la *Mesure* : 1, signifie le premier Temps; 2, le deuxième; 3, le troisième, & 4, le quatrième. Ces chiffres suivis d'un point indiquent le partage du *Temps* en deux *Demi*, dont chaque moitié porte son Accord; excepté que s'il n'y a point de Signes au-dessus du chiffre, il n'y a pour-lors point d'Accord.

On verra par ce petit échantillon, qu'on peut effectivement se passer de la Basse dans l'accompagnement du Clavecin; pourvu, cependant, qu'un autre Instrument l'éxécute : mais, comme on sera peut-être curieux de faire rapporter cet accompagnement à la Basse de Corelli, on y prendra garde seulement qu'il y a des cas où il faut changer la main droite de place, pour donner la liberté à la gauche d'éxécuter la Basse; ce qui se fait, dès qu'on le peut, entre deux Accords de *Tonique*, comme à l'endroit marqué de ce Signe /|/, sinon en répétant l'Accord d'une même *Tonique*; sinon après l'Accord de cette *Tonique*, enfin là où la chose est forcée ; ayant cependant la précaution de prendre l'Accord d'une *Tonique* un peu haut, lorqu'on voit des points à sa suite.

Si peu qu'on s'exerce sur cette Méthode, on verra qu'elle rend toutes les faces du Clavier également familieres.

Je ne rappelle point ici les Principes de succession ; ce que j'en ai déja dit doit suffire.

Quoiqu'on puisse être à présent en état de juger laquelle des deux Méthodes, de celle qui est le plus généralement reçue sous le nom de *Régle de l'Octave*, ou de la mienne, mérite la préférence, je crois qu'une comparaison rapprochée de ces deux Méthodes ne sera pas inutile, pour faire mieux sentir encore ce qui en est.

PARALELLE.

Si, dans la *Règle de l'Octave*, il faut connoître vingt-cinq Accords différens, sous un certain nombre de Signes combinés de plus de quarante façons ; dans ma Méthode, il n'en faut connoître que sept, sous le nombre de sept Signes jamais différemment combinés.

Si, d'un côté, cette connoissance éxige de remplir la mémoire d'une infinité d'Accompagnemens différens, de les cherchet longtemps sur le Clavier, & d'y observer des positions toûjours différentes entre les doigts ; de l'autre, tout est divisé par *Tierces*, aux différentes faces près de l'Accord consonant, & aux deux doigts joints près, dans l'Accord dissonant : donc tout est réduit ici presqu'à rien, & pour l'esprit, & pour les doigts, en comparaison de ce qui vient de paroître.

Là, si chacun des vingt-cinq Accords doit se rapporter à chacune des douze Notes comprises dans l'étendue d'une *Octave*, dès qu'on veut accompagner dans tous les Tons possibles ; ici chacun de mes sept Accords ne doit se rapporter qu'à la seule *Tonique*.

Là, si aucune succession n'est décidée, si l'Arbitraire qui peut y regner doit toûjours y tenir l'Accompagnateur en suspens ; ici tout est décidé, sans s'y embarrasser d'autre chose qne des *Diézes* ou *Bémols* que contient le *Ton* connu.

Là, si le *Ton* n'est point décidé, s'il y est presque toûjours incertain, si l'on n'a aucun moyen d'y connoître le moment précis où il change, & si, au contraire, les chiffres en usage y détruisent le plus souvent ce qu'on peut y discerner d'ailleurs à la vue de quelques autres signes : ici une seule Lettre déclare le *Ton*, la *Tonique*, & son *Accord*.

Là, si l'*Accord* du *Ton*, dit *Parfait*, est assigné à d'autres Notes qu'à la *Tonique*, comme à la *Dominante* ; si l'*Accord* de *Sixte*, qui n'est que la représentation du *Parfait*, est assigné à d'autres Notes qu'à la *Médiante*, comme au sixième degré en montant, & au septième en descendant ; si l'*Accord sensible*, sous le nom de *petite Sixte*, est assigné à d'autres degrés qu'au deuxième, comme au sixième en descendant ; & si par conséquent la *Régle de l'Octave* présentée pour un seul *Ton*, en comprend cependant trois différens, celui de la *Tonique*, celui de sa *Dominante*, & celui de sa *sous-Dominante* ; car la *Dominante* doit être censée *Tonique*, lorsqu'elle porte l'*Accord parfait*, lorsque sa *Tierce*, qui est le septième degré, porte le même Accord sous le nom de *Sixte*, &lorsque le degré qui y descend porte son *Accord sensible* ; & la *sous-Dominante* doit être encore censée *Tonique*, lorsque le sixième degré porte son *Accord parfait* sous le nom de *Sixte* : ici la seule *Tonique* a le privilége de porter son Accord, dit *Parfait* ; les différentes Notes de la Basse ne peuvent pour-lors y distraire de cette *Tonique* toûjours indiquée par sa Lettre ; & ce que j'appelle les *Cadences* renferme tout ce que cette *Régle de l'Octave* a de bon pour le seul *Ton* dont il s'y agit.

Là, si la succession des Accords demande à un Commençant un mois d'éxercice pour un seul *Ton* ; ici elle ne lui demande qu'un jour pour une douzaine de *Tons* au moins. Voyez d'un côté la *Régle de l'Octave* dans le Traité de M. Campion, dans celui de M. Dandrieux, ou dans le mien ; & voyez de l'autre, ma troisième Régle fondamentale, puisque celle-ci seule comprend celle de l'*Octave*.

Là, si le même Accord se présente tantôt sous l'idée d'une *Septième*, tantôt sous l'idée d'un *Triton*, enfin sous l'idée de sept Accords différens, même de douze, selon l'exposé de la page 47, & si les successions s'y multiplient à proportion : ici & le même Accord, & la même succession, se présentent toûjours sous la même idée.

Là, si les différentes faces des Accords ne sont presque jamais également familières ; ici elles sont toutes égales, excepté celles de l'Accord de la *Tonique*, qui peuvent y embarrasser un Commençant dans les deux ou trois premiers mois au plus.

Là, si l'attention qu'éxigent les Accords pendant long-temps est d'un grand obstacle à l'éxécution de la Basse ; ici ces Accords n'y apportent plus d'obstacle au bout de trois mois, ou de six au plus.

Là, si les Signes sont tellement compliqués qu'il faut des années entieres pour en tirer l'intelligence nécessaire ; ici la premiere explication vous met au fait.

Là, s'il est presque impossible de ne pas se méprendre quelquefois aux chiffres, soit dans l'éxécution, soit quand on chiffre soi-même la Basse ; ici il n'est pas possible de s'y tromper ; & s'il en doit coûter seulement à l'Auteur, c'est pour qu'il en coûte moins à celui qui en doit tirer l'intelligence nécessaire.

Là, si l'ambiguité, l'équivoque, & les contradictions qui regnent dans les chiffres, obligent d'occuper un Commençant d'une infinité de Régles qui l'embarrassent extrêmement, sans en être plus éclairé pour cela ; ici le seul coup d'œil fait porter un jugement subit & certain, & ce jugement fait partir les doigts à l'instant, quand une fois les routes données leur sont familieres.

Là, si les Notes non chiffrées sont censées devoir porter l'Accord de la *Tonique*, dit *Parfait*, & si cela forme contradiction avec les Notes de goût non chiffrées, qui ne doivent point porter d'Accords ; ici les Notes non chiffrées porteront toujours l'Accord qu'on a déja sous les doigts ; ce que je n'avois pas encore déclaré.

Là, si l'on peut parvenir à accompagner sans chiffres une Musique très-simple, ce n'est jamais que par le secours de la routine & de l'oreille : or je vous demande laquelle des deux Méthodes doit le plutôt suffire à l'un à l'autre.

Là, s'il ne s'agit que de l'Accompagnement ; il s'agit ici, & de cet Accompagnement, & de la composition ; de sorte que l'Organiste en peut tirer toutes les connoissances, & toutes les pratiques nécessaires de l'Harmonie.

Là, tout ce qu'on appelle science, n'est que routine : vous dit-on qu'il faut faire tel Accord sur tel degré, on ne vous en donne pas la raison ; plusieurs degrés du même *Ton* portent ce même Accord ; dès ce moment le nuage s'obscurcit, & la lumiere se dissipe ; mais bien plus, le *Ton* change, on ne le sçait, on ne le voit, ni ne le sent ; un mauvais chiffre empêche même d'y penser : que deviennent pour-lors le degré & son Accord ? ici ce que j'appelle routine est une science ; en la communiquant aux doigts, j'en laisse entrevoir les fondemens à l'esprit; & j'attends que la pratique en soit bien formée, pour les développer entierement.

Loin que les Accords soient déterminés par les degrés du *Ton*; c'est au contraire la succession donnée qui détermine à ces degrés les Accords qu'ils doivent porter.

N'accordez-vous que la *petite Sixte* au deuxième degré; lui accordez-vous, de plus, la *Septième*; lui accordez-vous de plus encore, la *Neuvième* & *Quarte*? je le veux bien : mais quand jugez-vous à propos qu'il porte l'un de ces Accords, dans quelle succession de la Basse, dans quel ordre de succession entre ces Accords? Tout autre degré que celui-ci, excepté le sixième, ne pourra-t-il pas porter sous un autre nom l'Accord de *petite Sixte*, que vous lui déterminez, sans qu'il l'ait porté lui-même après avoir paru? Comment rendrez-vous compte de cela sans chiffres? Comment ferez-vous connoître qu'en pareil cas la *Médiante*, à laquelle vous n'accordez généralement que l'*Accord de la Sixte*, pourra porter cet Accord de *petite Sixte*, sous le nom de *Neuvième*, ou de *Quinte superflue*, selon le genre du *Ton*? Enfin, quand vous connoîtriez le degré, vous ne connoîtriez encore rien, parce que son Accord arbitraire dépend d'une succession commencée, ou à commencer, conséquement au plus ou au moins d'étendue de la Phrase, dans laquelle il se trouve.

Si vous avez déja saisi l'idée de mes Signes, vous allez accompagner cette Basse sur le champ.

SOIT donnée, pour cet effet, la succession de Basse,

C x	C ou C	z x	C ou C	aj :	x C ou C
Ut Ré	*Mi*, *Ut*	*Ré Ré*	*Mi* *Ut*	*Ré Ré*	*Ré Mi*, *Ut*

aj :	x C	ou encore	C z	x C
Ré Ré	*Mi Mi*,		*Ut Ré*	*Mi Mi*;

vous verrez que cette succession a beau être *Diatonique*, conformément à celle de votre Régle; c'est, ou la longueur de la Phrase, ou le moment déterminé pour la fin de cette Phrase, qui décide des Accords que le deuxième degré *Ré*, & le troisième *Mi*, doivent porter : ce qui n'est pas toujours aussi facile à distinguer dans la Musique, qu'il l'est ici; parce que les Notes répétées peuvent n'y être exprimées que par une seule Note; de sorte qu'elles s'y présenteront presque par-tout, de même que dans la premiere succession; où vous ne sçaurez pour-lors s'il faudra donner l'*Accord sensible* au deuxième degré, sous le nom de de *petite Sixte*, ou au troisième, sous le nom de *Neuvième*, ou de *Quinte superflue :* quand même vous viendriez à connoître l'Accord de ce troisième degré, sçavez-vous celui qui doit le précéder dans la succession donnée ; avez-vous une Régle qui nous apprenne que l'Accord de la *Seconde* doit précéder le *Sensible*, & l'*Ajouté* celui de la *Seconde*, dès que l'un de ces Accords ne peut plus l'être de celui de la *Tonique* ? en avez-vous, du moins, quelques-unes d'équivalentes ?

Comment traiterez-vous d'ailleurs l'Harmonie de toutes ces Syncopes qu'on pratique aujourd'hui entre le dessus & la Basse ? il n'y a jamais là que *Supposition*, ou *Suspension*, c'est-à-dire, qu'au lieu de tel Accord qui devroit paroître, il n'y est encore question que de celui d'auparavant ; ou bien au lieu de deux Notes qui auroient dû descendre, il n'en faut faire descendre qu'une. Or, expliquez-moi un peu quel Accord doit précéder un tel autre par votre Régle ; le pourrez-vous sans entrer dans un détail immense, ni sans quelques omissions ? Tous les différens degrés qui pourront s'y succéder, les différentes manieres dont ils pourront s'y succéder, & tous les différens Accords qu'il faudra vous rappeller en conséquence, ne se présenteront-ils pas pour-lors en confusion à votre esprit ? Plus votre détail sera exact, moins la mémoire de celui à qui vous l'exposerez y pourra suffire ; jamais il ne le concevra ; & s'il parvient une fois à le mettre en exécution, ne croyez pas qu'il le doive à votre exposé, mais à la seule routine, & à l'oreille : au lieu que vous n'avez ici que trois Accords après celui du *Ton* ; l'*Ajoûté*, la *Seconde*, ou le *Sensible* : chacun de ces Accords se trouve presqu'avec la même facilité après celui du *Ton* ; l'un n'est pas plûtôt sous les doigts, que l'autre y coule comme de source ; le plus facile à trouver est toûjours celui qui doit préceder l'autre : ne fut-il pas même nécessaire, on peut néanmoins l'employer, en passant subitement à l'autre, en forme de *Coulé*, en forme d'*Appui*, comme l'exige à tout moment le goût du Chant : de cette facilité, que procure très-promptement la méchanique des doigts dans la succession des Accords dissonans, naît sous les doigts la Syncope obligée. Falloit-il faire l'Accord du *Ton* ? gardons le *Sensible* qui est déja sous nos doigts ; falloit-il faire le *Sensible* ? gardons celui de la *Seconde* ; falloit-il faire ce dernier ? gardons l'*Ajoûté* ; ou bien employons l'*Ajoûté* au lieu de l'Accord de la *Seconde*, celui-ci coulera ensuite comme de lui même ; ainsi du reste ; ce n'est qu'avec ces Accords que la *Suppoſition* a lieu, ſinon la *Syncope* n'eſt que dans les Notes, & non pas dans l'Harmonie.

A l'égard de la *Suſpenſion*, un doigt à deſcendre, au lieu de deux, mais après lequel marche toûjours le deuxième qui devoit naturellement l'accompagner dans ſa route : ce moyen d'obſerver ce qu'il y a de plus compliqué dans vos Régles, eſt trop ſimple, pour que nous devions nous y arrêter davantage.

On a pû remarquer, ſur ce que je viens d'appliquer l'*Ajoûté*, l'Accord de la *Seconde*, & le *Senſible*, à différens degrés du *Ton*, qu'effectivement chacun de ces Accords eſt applicable à différens degrés; qu'il y a même tel degré qui peut les porter tous trois, l'un après l'autre, & qu'il y a tel autre degré qui n'en peut porter que deux; à quoi je dois ajoûter que la *Tonique* peut y joindre ſon Accord; de ſorte qu'elle pourra porter ſucceſſivement ſon Accord, celui de l'*Ajoûté*, celui de ſa *Seconde*, ſon *Senſible*, puis ſon premier *Accord*; ſans parler des *Suſpenſions* dont la *Seconde*, le *Senſible*, & cet Accord de la *Tonique*, peuvent être encore entrelacés; fond de tous les airs de Viéle & de Muſette, & de tous les points d'Orgue qui n'excédent pas leurs bornes.

Je ne dois point paſſer ici ſous ſilence, que de quelque maniere que les habiles Maîtres faſſent pratiquer la *Régle de l'Octave*, ſous les noms de *ſimple*, *compoſée*, *figurée*, &c. ils ne peuvent jamais y faire employer que les Accords cités, celui de la *Tonique*, l'*Ajoûté*, celui de la *Seconde*, le *Senſible*, puis le premier; & qu'ils n'y ont pas plutôt fait employer l'un de ces Accords après celui du *Ton*, qu'ils ſont forcés de les y faire ſuccéder dans l'ordre où ils ſe trouvent préſentement expoſés; mais ſous des noms à tout moment différens, qui en déguiſent les rapports à l'eſprit, aux doigts & à l'oreille : au lieu que cet ordre une fois fourni dans la deuxième Régle fondamentale, ſe réitere par tout où il eſt queſtion de ſucceſſion d'Accords Diſſonans; ordre d'ailleurs purement méchanique : or ceux qui en ſont à cette *Régle de l'Octave*, ou qui ſçavent ce qui en eſt, devroient bien examiner quelle différence il y a entre ce qu'on leur y en enſeigne, & ce que je leur enſeigne à préſent : là, c'eſt toujours choſe nouvelle; ici, c'eſt toujours la même choſe, quelque degré qui paroiſſe dans la Baſſe; les *Suſpenſions* mêmes qu'on peut y ajoûter n'y aménent rien de nouveau.

Il eſt inutile de rappeller qu'au lieu de paſſer à l'*Accord ſenſible* d'abord après celui de la *Seconde*, on peut paſſer à celui de la *To-*

nique; la troisième Régle fondamentale en fait foi; & c'est la fin du sens qui en décide pour-lors; pourvu que la Basse fournisse d'ailleurs une Note capable de porter cet Accord de la *Tonique*; sçavoir, la *Tonique*, sa *Tierce*, dite *Médiante*, ou sa *Quinte*, dite *Dominante*.

Si jamais il s'agit de l'Accord de *Tierce-Quarte* dans les degrés successifs d'une *Octave*, ce n'est que lorsqu'on y fait porter deux Accords à chaque Note en descendant, où pour lors l'enchaînement des Accords Dissonans a lieu, selon ce que j'en ai déja touché à l'occasion de cet Accord.

Il me reste deux Articles à justifier, selon ma promesse; sçavoir, l'exclusion du *pouce* dans les Accords, & les deux *Octaves*, même les deux *Quintes* de suite, que ma Méthode semble autoriser.

DE L'EXCLUSION DU POUCE.

Puisque les Accords fondamentaux contiennent, au plus, quatre Notes distantes chacune d'une *Tierce*; puisque la transposition d'ordre entre ces Notes n'y améne de différence que dans deux qui peuvent y être jointes, pendant que les autres sont toujours par *Tierces*; & puisque la succession y est toujours la même d'une Note à sa voisine; il doit paroître absolument nécessaire d'y employer, pour-lors, quatre doigts également distans l'un de l'autre, où ils aient égale liberté de s'approcher & de s'éloigner les uns des autres, & où aucun ne s'y oppose; comme cela arriveroit, si l'on y employoit le *pouce* & le petit doigt: car un cinquième doigt qui se trouveroit, en ce cás, au milieu des autres, y seroit à tout moment un obstacle à l'égalité de distance; il empêcheroit que deux ne s'approchassent facilement, quand il le faudroit; on ne pourroit même le faire sans le substituer à la place de l'un des deux; cette substitution regarderoit tantôt un doigt, tantôt l'autre; enfin l'égalité d'éloignement, de proximité, & d'extension seroit détruite entr'eux; on ne sentiroit plus que c'est au petit doigt à descendre, lorsque la main est dans sa plus grande extension, puisqu'elle n'y est pas encore, en employant ici le *pouce*: d'ailleurs, ce *pouce* ne se place pas aisément sur un *Dièze*, quand les autres doigts se placent sur des Touches naturelles, ceux-ci en sont même déroutés; le changement encore de ce *pouce* en un autre doigt, dans le passage d'un *Accord Dissonant* à un *Consonant*, qui n'éxige guères le *pouce*, quelque petite que soit la main, retarde l'éxécution. Ainsi tout bien éxaminé, ce *pouce* est un obstacle considérable à la prompte acquisition des habitudes nécessaires.

S'il arrive qu'on ait la main si petite, qu'on ne puisse embrasser une *Septième* sur le Clavier sans le *pouce*, ce qui est très-rare, excepté dans les enfans, harpégez l'Accord, en commençant par le doigt d'en-bas, & quittez ce doigt dans le moment que le petit doigt va se placer sur sa *Touche* : ce secours m'a toujours réussi auprès des jeunes Personnes, sans que leur éxécution en ait souffert le moindrement.

Si ce défaut ne vient que de l'enfance, comme cela ne peut guères être autrement ; qu'est-ce qui vous presse ici ? On ne pouvoit se dispenser, effectivement, de commencer l'Accompagnement très-jeune, lorsqu'avec les Régles, & les chiffres en usage, il falloit des dix ou quinze années pour y réussir un peu passablement : mais à présent que six mois peuvent y suffire, quand on sçait lire la Musique, & qu'on l'éxécute aisément sur le Clavecin ; employez la Jeunesse à ces derniers exercices, & attendez que la petitesse des mains ne s'oppose plus aux progrès rapides qu'elle peut faire dans l'Art dont il s'agit.

On verra dans la Méthode, (si jamais je la donne complette) que mon doigter fournit un moyen d'éxécuter promptement les Accords à la suite les uns des autres, & même d'y former du chant par ce moyen.

Ne croyez pas, d'ailleurs, que j'exclue tout-à-fait le *pouce* des Accords ; je le conserve pour en multiplier les Notes, en le plaçant toujours à l'*Octave* du *petit doigt* : mais je n'ai garde d'en avertir que lorsqu'on est maître du reste.

DES OCTAVES.

A l'égard des *Octaves* de suite, pourquoi voudriez-vous que je changeasse mon Harmonie, lorsqu'elle ne fournit jamais deux *Octaves* de suite dans une succession fondamentale ? Est-ce parce que vous y changez la Basse fondamentale en Basse arbitraire, en Basse de goût ? A-t'on jamais oui-dire qu'il fallût détruire le fond, en faveur d'un arbitraire qu'il fournit lui même ? Quoi ! lorsque la succession fondamentale est une fois donnée, il faudra la changer, parce qu'il vous aura plû d'y choisir pour Basse la succeſſion de l'une de ſes parties ſupérieures, avec laquelle cette Baſſe fera pour-lors deux *Octaves* de ſuite? Si c'eſt une faute, elle vient donc de votre Baſſe inventée à plaiſir, & nullement de la ſucceſſion fondamentale dont elle eſt tirée? C'eſt bien là qu'il s'agit de deux *Octaves* de ſuite: laiſſez ce ſoin à un Compoſiteur, qui, à tête repoſée, peut varier à ſon gré toutes les parties de l'Harmonie: mais pour un Accompagnateur, qui doit être occupé de choſes bien plus eſſentielles; dont la main ne peut embraſſer qu'un certain eſpace ſur le Clavier; dont les doigts ne peuvent marcher aiſément que d'une Touche à la plus voiſine, quand il y en a pluſieurs d'employés, & que c'eſt au même de marcher; qui doit éxécuter dans l'inſtant même qu'il penſe, & qui auroit à ſouhaiter que la ſeule Baſſe fût l'unique objet de ſon attenſion; c'eſt bien à lui à s'occuper de pareilles minuties, dont l'harmonie & ſa plus parfaite ſucceſſion ne reçoivent aucun dommage.

Faut-il qu'au défaut du tronc, on s'attache ainſi, non à une branche, mais à une feuille, à une fleur, comme je l'ai déja dit dans l'occaſion?

L'Accompagnement forme continuellement, & néceſſairement des *Octaves* de ſuite avec les différentes parties du Concert: or quelle raiſon y a-t'il pour que celles-ci ſoient bonnes, pendant que celles-là ſeront mauvaiſes? Il eſt vrai que deux *Octaves* de ſuite ne font point harmonie; mais ſi c'eſt-là le ſeul défaut qu'on y puiſſe trouver, pourquoi s'y arrêter dans un cas où cette harmonie eſt déja complette ſans la Baſſe; loin qu'elles en détruiſent la perfection, elles l'augmentent au contraire, en y multipliant les ſons & les conſonances; car d'une *Tierce*, l'*Octave* forme encore une *Sixte*; d'une *Quinte*, elle forme encore une *Quarte*, ainſi du reſte. Voudriez-vous priver l'Auditeur de pouvoir être affecté de toutes les Conſonances dans un Accord, où vous n'en ſuppoſez jamais que deux ou trois? Le priverez-vous de cette ſatisfaction, en faveur d'un reſpect outré pour une Régle mal appliquée, pour une Régle qui ne regarde que deux parties détachées, qu'on veut rendre différentes entr'elles.

Au reſte, les deux *Octaves* de ſuite ne font ſenſibles dans l'Accompagnement, que lorſqu'on ſe diſtrait du reſte du Concert, pour y donner toute ſon attention; elles ne le ſont même qu'aux Muſiciens prévenus ſur l'article; encore le plus ſouvent leur oreille n'en eſt elle frappée, qu'après que leurs yeux les en ont avertis ; les autres n'y pensent pas : on les pratique par tout, même dans les *Concerto*, où la Basse & le dessus exécutent le même Chant.

Mais de quoi nous embarrassons nous ? Deux *Octaves* de suite entre la partie inférieure des Accords, & la Basse, font le même effet qu'une Basse doublée, selon l'usage où l'on est de la doubler avec la *Contre-basse*. Ces *Octaves* sont insensibles, & se sauvent même dans le milieu des Accords, d'où les plus scrupuleux les permettent; *lors*, disent-ils, *que l'Octave est enveloppée*, ce sont leurs termes: cela ne regarde donc plus que la partie supérieure des Accords ! Hé bien, retranchez pour-lors la deuxième *Octave*, ou changez la face du deuxième Accord par un mouvement contraire à celui de la Basse, si vous n'avez pû prévoir qu'en pareil cas, il falloit éviter de prendre l'*Accord Consonant* dans la face où le *petit doigt* touche l'*Octave* de la Basse ; car c'en est-là tout le nœud.

Si le hazard faisoit encore naître deux *Quintes* de suite entre la partie supérieure des Accords, & la Basse ; faites à l'égard de ces *Quintes*, ce qui vient d'être prescrit à l'égard des *Octaves*.

L'*Octave* de la Basse que je fais employer dans les Accords, peut toûjours en être retranchée : mais aussi quelle facilité & quel agrément n'y apporte-t'elle pas ? Par son moyen presque tous les Accords & toutes leurs successions ne sont qu'un pour l'esprit, pour les doigts, & pour l'oreille ; mêmes Régles & mêmes Signes d'un côté, mêmes ordres, & mêmes marches de l'autre. D'ailleurs, ceux qui ne s'attachent qu'à la maniere y trouveront leur compte, puisque l'harpégement de quatre Notes est plus agréable que celui de trois. Ainsi ne retranchons rien des Accords ; n'en changeons pas même les faces qui sont une fois sous nos doigts, qu'auparavant notre jugement, notre oreille, & ces doigts n'agissent librement de concert dans notre éxécution, & ne nous fassent connoître, par-là, que nous pouvons porter notre attention ailleurs.

Ce qui concerne le goût ne doit nous occuper que lorsque nous possédons parfaitement le fond ; c'est à quoi l'on devroit penser plus sérieusement qu'on ne le fait.

CONCLUSION.

J'ose dire que la Méthode que je propose, est la seule qui puisse conduire aux connoiſſances néceſſaires pour accompagner ſans chiffres, & même avec les chiffres en uſage; car ç'a toûjours été par un raiſonnement, où mes Signes ſont ſous-entendus, que j'ai conduit ceux qui, ſur les chiffres en uſage, ont acquis la pratique de l'Accompagnement en peu de tems, comme au bout d'un an, ou de quelques mois de plus : n'y ayant pas à douter que ces chiffres en uſage ne retardent beaucoup un Commençant; encore y a-t'il tout lieu de craindre qu'il ne s'y rebute, s'il n'eſt pas capable d'application, ou s'il n'a pas l'oreille extrèmement ſenſible à l'harmonie.

Cette Méthode,qui eſt directement tirée de la Baſſe fondamentale, nous la rend d'une maniere ſi ſimple, qu'il n'y a pas moyen de l'y méconnoître ; & le Muſicien devroit en faire d'autant plus de cas, qu'elle lui préſente un précis de toutes les ſucceſſions de l'harmonie, auquel il ne paroît pas qu'il ait jamais fait attention : ceux même qui conviennent avec moi qu'il n'y a que deux Accords, n'en ont encore ſçu tirer aucun avantage pour réduire à ce précis les différentes ſucceſſions que fourniſſent les différentes combinaiſons de ces deux Accords; ils en reviennent toûjours au détail, & de chaque partie de ce détail, ce qui ne leur eſt plus pardonnable, ils en font autant d'objets différens : les treize Accords formés du *Senſible*, par exemple, ſont encore pour eux autant d'Accords différens; ils y diſtinguent toûjours la diſſonance de la *Note ſenſible*, en cinq ou ſix diſſonances; de-là ils la font *ſauver*, tantôt de la *Sixte*, tantôt de l'*Octave*, tantôt de la *Quarte*, *&c.* lorſque par-tout cette *Note ſenſible* ſe *ſauve* en montant d'un *demi-Ton* ſur la *Tonique*; enfin de chaque partie d'un même objet ils en font autant de Régles capitales, lorſque chacune de ces parties ſe trouve renfermée dans une ſeule Régle fondamentale, auſſi ſimple qu'abondante; & c'eſt-là juſtement ce qui a occaſionné ces équivoques, ces contradictions, cette confuſion, en un mot, tous ces défauts qui régnent dans les Régles, & dans les chiffres en uſage.

Examinez donc bien, avant que de décider, ſi effectivement j'ai remédié à tous ces défauts par ma Méthode; & ſuppoſé que cela ſoit, tout doit vous inviter à la recevoir : rien n'eſt plus facile que de la rendre génerale; je n'ai d'abord qu'à la mettre dans tout ſon jour, pour épargner aux Compoſiteurs la peine d'en développer eux-mêmes l'artifice, quand ils voudront chiffrer en conſéquence; puis il n'y aura qu'à faire graver en particulier la Baſſe des Ouvrages de Muſique les plus accrédités, pour y aſſocier mes Signes ; ce qui ſera l'affaire de leurs Auteurs, & la mienne pour les Auteurs qui ne vivent plus.

Le Particulier y trouvera ſon compte ; outre le tems qu'il y gagnera, la dépenſe qu'il épargnera du côté du Maître, lui ſera quatre fois plus que ſuffiſante pour les frais des Baſſes.

Les Maîtres y gagneront ; au lieu d'un Ecolier ils en auront douze, quand une fois on ſera certain de la facilité avec laquelle on peut apprendre aujourd'hui l'Accompagnement, & du peu de tems qu'il en doit coûter : outre qu'il ſe formera par ce moyen un plus grand nombre d'Amateurs & de Connoiſſeurs.

Les Auteurs y gagneront auſſi de leur côté : ils n'entreprendront point la gravure de leur Baſſe, qu'auparavant ils ne ſoient aſſûrés du débit, par le grand nombre des Curieux qui ſe préſenteront, & ils pourront même s'aſſûrer que cela fera naître à pluſieurs l'envie d'acheter enſuite tout l'Ouvrage.

Copions en attendant, ou bien faiſons copier ; la dépenſe en ſera toûjours moindre que celle d'un Maître. J'offre, en mon particulier, de joindre mes Signes aux Baſſes copiées ; j'ai déja le cinquième Œuvre de Corelli tout prêt, dont vous allez trouver l'*Adagio*, que j'ai promis à la page 52, où il faut retourner, pour conſulter les obſervations que j'ai faites ſur ce ſujet.

FIN.

SONATA III. DE CORELLI.

Adagio.

C   C A C | 2 4 × C × | C × C ay × |
1 2 3 4 | 1 2 . 3 4 | 1 2 3 4 . |

G | G E G | 2 4 × G × | G × G ay × |
1 2 3 4 | 1 2 3 4 | 1 2 . 3 4 | 1 2 3 4 . |

D G ay : | × G 2 G 4 × | G C 4/3 : : | : : : : |
1 2 3 4 | 1 2 . 3 4 . | 1 2 3 . 4 . | 1 2 3 4 |

: × A 2 4 × | A C ay × | G ay A ay × | × E 4 × E C |
1 2 3 . 4 . | 1 2 . 3 4 . | 1 2 . 3 4 . | 1 . 2 . 3 4 |

ay : C ay : C | 2 C × C 4 × C | ay : × 4 C 2 | × C 4 × C G |
1 2 . 3 4 . | 1 . 2 . 3 . 4 | 1 2 . 3 . 4 | 1 . 2 . 3 4 |

2 . × C ay : C 2 | × C 4 × C ay : | × C 4 × C ||
1 . 2 . 3 . 4 . | 1 . 2 . 3 4 . | 1 . 2 . 3 4 ||

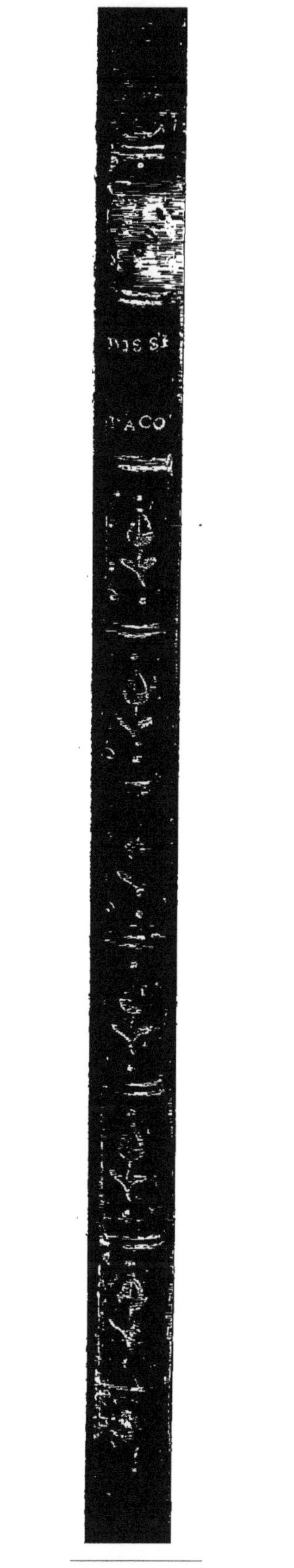

www.ingramcontent.com/pod-product-compliance
Ingram Content Group UK Ltd.
Pitfield, Milton Keynes, MK11 3LW, UK
UKHW012246240726
13966UKWH00004B/1327